Su Busson • Das Wachstums-ABC

DAS
WACHSTUMS-ABC

So verwirklichen Sie Ihre Wünsche, Träume und Ideen

Su Busson

www.kremayr-scheriau.at

ISBN 978-3-7015-0558-6
Copyright © 2014 by Orac/Verlag Kremayr & Scheriau GmbH & Co. KG,
Wien
Alle Rechte vorbehalten
Schutzumschlaggestaltung: Kurt Hamtil, Wien
unter Verwendung einer Illustration von istockphoto.com/retrorocket
Lektorat: Katharina J. Schneider
Satz und typografische Gestaltung: Sophie Gudenus
Druck und Bindung: Druckerei Theiss GmbH, St. Stefan im Lavanttal

INHALT

VORWORT

Dies ist kein herkömmliches Buch. Das Wachstums-ABC ist ein Buch, das Ihren persönlichen Einsatz und Ihre Mitarbeit erfordert. „Oje, Arbeit!", denken Sie jetzt vielleicht. Keine Sorge, die Chance stehen gut, dass Ihnen diese Art von Arbeit richtig Spaß machen wird, denn wofür und in welchen Ausmaß Sie sich engagieren, bestimmen Sie selbst – Sie entscheiden, in welche Richtung Sie wachsen möchten und wie sich Ihr Leben in den nächsten Monaten entwickeln soll. Es sind Ihre Wünsche, Träume und Vorhaben, die hier im Mittelpunkt stehen. Das ABC hilft Ihnen bei der Umsetzung.

Geht es nicht bequemer? Als Fitnesstrainerin und Yogalehrerin werde ich immer wieder gefragt, was zu tun sei, um fitter zu werden, eine bessere Figur zu bekommen oder sich einfach in seiner Haut wohler zu fühlen. Meine Antwort ist recht monoton: „Regelmäßiges, konsequentes Training!" Oft ernte ich damit eher enttäuschte Blicke. Das kann ich verstehen, ich hätte auch gerne ein schnelles Wundermittel bei der Hand. Aber irgendwie leuchtet doch jedem ein, wie viel Wahrheit in den vier Worten steckt: *Von nichts kommt nichts!* Diese Regel gilt nicht nur beim körperlichen Training, sondern bei jeder Art von bewusster Veränderung. Sie gilt, wenn wir glücklicher, erfüllter und authentischer leben wollen; wenn wir unseren Seelenweg gehen, unser Potenzial nutzen und unsere Herzenswünsche verwirklichen wollen. Kein noch so gutes Buch, keine Theorie und keine Methode helfen uns weiter, wenn wir nicht aktiv werden und Veränderungen bewusst angehen. Solange wir sind, wie wir immer sind, und tun, was wir immer tun, bleibt alles beim Alten. Hingegen wird vieles – weit mehr als wir meist glauben – möglich, wenn wir nicht nur von Veränderungen träumen oder darüber lesen, wie es theoretisch geht, sondern aktiv werden und uns selbst verändern oder besser gesagt entwickeln; wenn wir bereit sind, Altes hinter uns zu lassen und das Beste in uns hervorzuholen. Genau darum geht es im Wachstums-ABC. Jeder Buchstabe darin enthält gezielte Fragen, konkrete Anregungen oder Übungsvorschläge für Ihren Alltag. Sie erfahren, wie Sie wachsen können – wie Sie konsequent und regelmäßig Ihre geistigen und seelischen „Muskeln" trainieren.

Ich warne Sie vor: Das ist nicht immer nur angenehm. Beim Fitnesstraining müssen Muskeln ordentlich beansprucht werden, damit sie wachsen. „Mach weiter. Erst wenn es anfängt, unangenehm zu werden, fängt es an zu wirken", pflegte einer meiner Trainer immer zu sagen, wenn ich bei einer Übung anfing zu jammern, weil meine Muskeln schon brannten. Es geht natürlich nicht darum, sich ernsthafte Schmerzen zuzufügen, sondern darum, sich im richtigen Ausmaß zu fordern. Der Po wird nicht knackiger von fünf Mal Beinstrecken, und die Ausdauer wird nicht besser, wenn das Herz beim Training nicht schneller klopft und der Puls nicht in die Höhe geht. Das gilt genauso für unsere inneren Kräfte. Ihre Selbstsicherheit nimmt beispielsweise nur dann zu, wenn Sie sich unsicheren Situationen stellen, statt immer in Ihrer Komfortzone zu bleiben. Mutiger werden Sie nur, wenn Sie handeln, obwohl Ihr Herz klopft. Das Vertrauen in Ihre innere Führung nimmt nur zu, wenn Sie sich trauen, trotz Zweifeln Ihrer inneren Stimme zu folgen. Und so weiter. Mit dem richtigen Training und mit der Übung wachsen Sie innerlich. So verändert sich Ihre Art zu denken, zu fühlen und zu handeln, und damit verändert sich unweigerlich Ihr ganzes Leben – oft auf erstaunliche Weise. Plötzlich können Wunder geschehen. In diesem Sinne wünsche ich Ihnen ein wundervolles Wachstum!

*Lebe, wie du, wenn du stirbst, wünschen wirst,
gelebt zu haben.*

Christian Fürchtegott Gellert

Wie Sie dieses ABC am besten nutzen

Dieses Buch enthält 26 Kapitel
Ein Kapitel pro Buchstabe des ABCs. Natürlich ist es möglich, das Buch in einem Zug durchzulesen. Es aber in einem Zug durchzuarbeiten, wäre schon wesentlich schwieriger und macht wenig Sinn. Nehmen Sie sich für jedes Kapitel die Zeit, die Sie brauchen. Fangen Sie mit den Buchstaben A, B und C an, danach können Sie der Reihe nach weiterlesen oder zuerst jene Kapitel durchgehen, die Sie besonders anziehen. Später können Sie immer wieder auf einzelne Buchstaben zurückgreifen und frei auswählen, was momentan für Sie relevant ist bzw. woran Sie gerne arbeiten möchten.

Dieses Buch enthält viele Fragen
Es sind Fragen, die Ihnen helfen, Einsichten über sich selbst zu gewinnen, herauszufinden, was für Sie wirklich wesentlich ist und wie Sie die Dinge auf Ihre Weise am besten angehen. Vielleicht ertappen Sie sich dabei, sich beim Lesen zu denken „Gute Frage(n), darüber sollte ich mal nachdenken", aber Sie tun es letztlich nicht. Das wäre schade. Einer der wertvollsten Tipps fürs Leben lautet: Innere Klarheit ersetzt dir viele Stunden unnötigen Handelns und erspart dir viele Umwege.

Die meisten Menschen – auch ich habe diesen Fehler schon oft genug gemacht – nehmen sich nicht die Zeit, zuerst in sich zu gehen, Klarheit zu gewinnen und die eigenen Antworten zu finden, um dann entsprechend zu handeln. Ein einfaches

Beispiel: Ich war lange Zeit auf der Suche nach einer Wohnung, ohne dabei wirklich zu wissen, wie ich wohnen will – in welchem Bezirk, welche Größe die Wohnung haben sollte, ob ein Büro außerhalb oder integriert besser wäre. Ich habe unzählige Wohnungen angeschaut und keine hat mich angesprochen. Erst als ich meine inneren Widersprüche geklärt hatte, war binnen einer Woche der Mietvertrag für die perfekt passende Wohnung unterschrieben. Viele ähnliche Beispiele fallen mir hier ein, und vielleicht haben Sie selbst auch schon erlebt, dass Ihnen etwas ganz einfach zu-fällt, nachdem Sie innerlich klar und bereit dafür waren.

Zugegeben, das, was ich hier als „innere Klarheit gewinnen" bezeichne, ist oft ein Prozess, der nicht immer ganz einfach ist und seine Zeit braucht. Schenken Sie sich die nötige Zeit und geben Sie sich nicht mit einem „Ich weiß nicht …", „Schauen wir mal" oder „Geht eh nicht" zufrieden.

Bei vielen Fragen sind Sie aufgefordert, spontan zu antworten. Nehmen Sie den ersten Gedanken, der Ihnen dazu einfällt und in Ihrem Kopf umgeht. Machen Sie sich nichts daraus, wenn Ihnen manche Antworten nicht gleich „perfekt" oder „sinnvoll" erscheinen, sie sind nicht in Stein gemeißelt und Sie können sie jederzeit anpassen. Ihre Antworten sind so wie Sie selbst lebendig – das heißt, sie können sich im Laufe der Zeit und mit Ihrer Entwicklung durchaus verändern. Falls Sie auf eine Frage zurzeit wirklich nicht antworten wollen oder können, gehen Sie einfach zur nächsten über.

Noch etwas: Natürlich können Sie sich Unterstützung holen und die Fragen mit einer Vertrauensperson besprechen – das kann nicht nur hilfreich, sondern auch sehr inspirierend sein und richtig Spaß machen. Vergessen Sie dabei aber nicht, dass Sie, und nur Sie, die für Sie richtigen Antworten kennen. Lassen Sie sich also von niemandem etwas einreden, was sich für Sie nicht gut, stimmig und passend anfühlt.

Dieses Buch enthält einige Aufgaben und Übungen

Ich möchte Sie einladen, mitzumachen, Dinge auszuprobieren und vor allem jene Schritte wirklich zu gehen, die Sie sich selbst vornehmen. Ich habe unzählige Bücher gelesen und mir oft nicht die Zeit genommen, die Übungen zu machen und das Gelesene praktisch umzusetzen. Ich hatte das Gefühl, mit dem Lesen schon genug getan zu haben, wollte meine Zeit lieber für das nächste Buch nutzen und mir mehr Wissen aneignen. Doch irgendwann wurde mir bewusst, dass Goethe vollkommen recht hat: *Es ist nicht genug zu wissen – man muss auch anwenden. Es ist nicht genug zu wollen – man muss auch tun.*

Last but not least etwas, das ich immer empfehle: Legen Sie sich ein Notizbuch zu, in das Sie Ihre Antworten, Erkenntnisse und Erfahrungen aufschreiben. Ich gestehe, in meinem Privatleben bin ich ziemlich schreibfaul, ich verstehe also, wenn Sie lieber alles mündlich machen. Ich weiß aber auch, dass das Schreiben einen sehr heilsamen Effekt hat und die Wirkung der Fragen und Übungen verstärkt. Beim Schreiben fällt es wesentlich leichter, Gedanken zu Ende zu denken und unbekannte Bereiche Ihres Bewusstseins ans Licht zu bringen. Das bringt zusätzliche Aha-Erlebnisse. Außerdem ist es oft spannend und sehr aufschlussreich, immer wieder nachzulesen und mit der Zeit den Verlauf der Dinge zu erkennen – den roten Faden, der sich durch Ihr Leben zieht – und die Fortschritte zu sehen, die Sie machen.

Manche Leute halten Disziplin für
eine unangenehme Pflicht.
Für mich ist sie so etwas wie eine Ordnung,
die mir die Freiheit zum Fliegen gibt.
Julie Andrews

Das Versprechen

Die wichtigsten Versprechen sind die, die wir uns selbst geben. Es ist ein offenes Geheimnis, dass wir in einer Sache wesentlich erfolgreicher sind, wenn wir uns innerlich voll und ganz dazu verpflichten, ein echtes Commitment eingehen und einhalten, was wir uns selbst in dieser Angelegenheit versprechen. Was das Wachstums-ABC betrifft, so könnte Ihr persönliches Versprechen folgendermaßen lauten (Wenn Ihnen der Wortlaut nicht gefällt, Sie etwas daran ergänzen oder verändern wollen, tun Sie das bitte. Wichtig ist, dass Sie innerlich wirklich „Ja" dazu sagen können):

Was ich mir selbst verspreche:

Ich beabsichtige, die nächsten zwölf Monate zu einem ganz besonderen Jahr zu machen. Dafür bin ich bereit, eine innere Verpflichtung einzugehen und mich in den nächsten Wochen und Monaten auf einen Wachstumsprozess einzulassen. Das heißt:
Ich, _____ *(Ihr Name)*,

- 🌱 verspreche mir, die volle Verantwortung für mein Leben zu übernehmen und mein schöpferisches Potenzial und meine kreativen Kräfte bewusst zu nutzen.
- 🌱 verspreche mir, auf mein Herz zu hören und meiner inneren Führung (meiner Intuition, meiner inneren Weisheit oder welchen Namen Sie für den wissenden Teil in Ihnen gerne verwenden) zu folgen.
- 🌱 bin bereit, jeden Tag Neues zu lernen, an den Herausforderungen des Lebens zu wachsen und die Schönheit in Allem zu erkennen.
- 🌱 bin bereit, mein Leben zu genießen und in jedem Moment das Beste daraus zu machen.

_____   _____
Unterschrift   *Datum*

Bereit? Dann fangen wir an!

Lass dich nicht von dem abbringen,
was du unbedingt tun willst.
Wenn Liebe und Inspiration vorhanden sind,
kann es nicht schiefgehen.

Ella Fitzgerald

A
WIE ANFANG

Intention: Ich finde heraus, was ich in den nächsten zwölf Monaten gerne verwirklichen will.

Wer schon einmal ein batterieleeres Auto anschieben und zum Rollen bringen musste, der weiß: Das erste Anrollen ist bei weitem am schwierigsten. Wenn es mal rollt, dann rollt es fast von allein. Nicht umsonst heißt es, aller Anfang ist schwer. Egal ob es darum geht, Sport zu betreiben, bewusster zu essen, etwas Neues zu lernen, einen neuen Job zu machen oder sonst etwas zu beginnen, der erste Schritt kostet in der Regel die meiste Überwindung – sei es, weil wir Ängste überwinden, schlechte Gewohnheiten ablegen, Zweifel besiegen oder den berühmten Schweinehund austricksen müssen. Jeder Mensch hat so etwas wie einen inneren Bodyguard und der hält uns lieber in vertrauten Gefilden fest, selbst wenn wir uns dort schon lange nicht mehr wohl fühlen. Sobald allerdings die ersten Schritte aus der Komfortzone getan sind und sich so etwas wie eine neue Gewohnheit etabliert hat, wird es wesentlich leichter. Plötzlich macht es sogar Spaß, ins Fitnesscenter zu gehen, das „gesunde" Essen schmeckt und das Ergebnis auf der Waage macht Freude, oder der neue Job fühlt sich richtig gut an, so dass man sich fragt, warum man nicht schon viel eher …

Doch halt! Mit Sicherheit haben Sie viele Ideen, was Sie in Ihrem Leben besser oder anders machen könnten und wie Sie in Ihrer Vorstellung idealerweise wären. Vielleicht nehmen Sie sich so manches davon schon lange vor, und doch scheitert es immer wieder an der Umsetzung. Tatsache ist, wir haben alle nur ein gewisses Ausmaß an Zeit und Energie zu Verfügung. Verschleudern Sie das nicht für Unwesentliches! Wenn Sie nicht bei dem anfangen, was Ihnen wirklich wichtig ist, sondern sich mit halbherzigen Vorsätzen verzetteln, kommen Sie nicht weit. Ich „sollte", ich „müsste" und „es wäre eigentlich besser, wenn ich …" – solche und ähnliche Ideen rauben Ihnen die Kraft, die Sie brauchen, um sich um das Wesentliche zu kümmern. Wir haben nun einmal alle persönliche Vorlieben, besondere Talente und einzigartige Anlagen. Arbeiten Sie nicht gegen sich selbst! Denn nur was Ihrem eigenen Wesen wirklich entspricht, wird Ihnen ein echtes Gefühl von Erfolg und Erfüllung schenken. Woody Allen hat mal gesagt: „Du kannst nicht zwei Pferde mit einem Hintern reiten." Entscheiden Sie sich für das richtige Pferd!

Die wichtigste Basis für einen gelungenen Anfang ist innere Klarheit: Sie müssen sich klarmachen, was Sie wirklich wollen, persönliche Entscheidungen treffen, Prioritäten setzen und dann die ersten Schritte gehen. So finden Sie am schnellsten zu Freude, Motivation und Kraft und das Gute kommt ins Rollen.

Fangen wir also damit an, dass Sie sich Gedanken darüber machen, was Sie sich für Ihr Leben wirklich wünschen und in welche Richtung es von jetzt an weitergehen soll. Egal welcher Tag heute ist: Eine Neuorientierung oder eine Lebenskurs-Optimierung ist jederzeit möglich. Der beste Zeitpunkt ist immer jetzt, denn Ihre Zukunft hängt davon ab, was Sie jetzt denken, sagen und tun. Ziehen Sie sich am besten an ein ungestörtes Plätzchen zurück und kreieren Sie in den fünf folgenden Schritten Ihre ganz persönliche Vision für die kommenden Monate Ihres Lebens:

Hier kommen eine Menge Fragen und ein paar Aufgaben auf Sie zu. Es ist mit Abstand das längste und umfassendste Kapitel. Schließlich geht es um die wichtige Frage, wie Sie persönlich wachsen wollen.

1. Ein kurzer Rückblick

Beginnen Sie mit einem kurzen Rückblick. Denken Sie an die vergangenen Monate. Wählen Sie am besten einen Zeitraum zwischen einem und zwei Jahren und fragen Sie sich:

Was ist mir in Erinnerung geblieben?
- Was waren die wichtigsten Augenblicke, Situationen und Phasen in dieser Zeit?
  Notieren Sie hier alles, was Ihnen einfällt und nennenswert erscheint. Egal ob ein Ereignis gut oder schlecht war, ob es sich nur um einen kurzen Moment gehandelt hat, der sich eingeprägt hat, oder um eine längere Phase, die irgendwie wichtig für Sie war.

Was war das Beste daran?
- Was habe ich in dieser Zeit besonders geschätzt? Was waren meine schönsten Momente? Und: Warum?
- Worauf bin ich stolz? Was ist mir gut gelungen? Oder was habe ich geschafft?
- Welche Eigenschaften oder Verhaltensweisen mochte ich an mir selbst am liebsten?
- Welche Entscheidungen habe ich getroffen, die wichtig und gut waren?
- Wer waren die wichtigsten Menschen für mich? Wer hat mich am meisten unterstützt oder mir Kraft geschenkt? Mit wem habe ich am liebsten meine Zeit verbracht?
  Vielleicht fallen Ihnen hier auch andere Lebewesen ein wie Ihr Hund oder Ihre Katze.

Was waren meine Hürden?
- Was war weniger gut in den letzten Monaten? Was waren die größten Herausforderungen, Probleme oder Hindernisse?

- ❧ Was mochte ich an mir selbst am wenigsten? Welche meiner Schwächen haben sich gezeigt?
- ❧ Was hat mir die meisten Sorgen oder Ängste bereitet?
- ❧ Welche Menschen haben mir nicht so gut getan, mich Kraft oder Energie gekostet, ohne dass ich dafür irgendeine Art von Ausgleich bekommen habe?
- ❧ Was habe ich in dieser Zeit vielleicht vernachlässigt, obwohl ich aus der Vergangenheit weiß, dass es mir gut tut? Möglicherweise haben Sie ein geliebtes Hobby, das zu kurz gekommen ist, oder Sie hatten zu wenig Zeit für Ihre Freunde/innen oder waren seit Monaten nicht mehr laufen, spazieren oder im Fitnesscenter. Hier geht es nicht um etwas, das Ihnen theoretisch gut tun würde, sondern um etwas, das sich in Ihrem Leben tatsächlich schon als wohltuend bewährt hat.

Falls Sie nach diesen Fragen frustriert feststellen, dass die letzten Monate nicht gerade positiv verlaufen sind und äußerst wenig Erfreuliches passiert ist, dann denken Sie zusätzlich an eine Zeit zurück, in der es Ihnen besser ging und wenden Sie diese und die kommenden Fragen auch auf die „guten alten Zeiten" an.

2. Einsichten und erste Aussichten

Im losungsorientieren Coaching gibt es drei ganz einfache Grundprinzipien:

- Repariere nicht, was nicht kaputt ist!
- Wenn du weißt, was funktioniert, mach mehr davon!
- Wenn etwas nicht funktioniert, hör auf damit und mach etwas ander(e)s!

Wichtig zum ersten Punkt: Sie bestimmen, was für Sie funktioniert und was nicht. Wenn Sie also beispielsweise mit Ihrem Partner eine Fernbeziehung führen und sich nur ein paar Tage im Monat sehen und das für sie beide im Moment in Ordnung so ist, dann lassen Sie sich nicht verunsichern, wenn irgendjemand behauptet: „So kann man doch keine Beziehung leben. Das musst du ändern." Nein, müssen Sie nicht. Das gilt für alle Bereiche Ihres Lebens. Heute hören wir ständig irgendwo, was angeblich gut, richtig und normal ist und wie die Dinge zu sein haben. Nehmen wir solche Informationen ungeprüft als wahr an, versuchen wir möglicherweise krampfhaft Dinge zu ändern, die in Wahrheit völlig in Ordnung sind, so wie sie sind, statt das zu verändern, was tatsächlich nicht gut für uns ist. In diesem Sinne fragen Sie sich:

Was hat funktioniert?

- Was hat in den letzten Monaten für mich gut funktioniert? Mit welchen Lebensbereichen bin ich zufrieden? Was genau ist gut daran?
  Lebensbereiche sind z. B.: Beziehung, Familie, Freunde, Job, Finanzen, Freizeit, Hobbies, persönliche Entwicklung u. ä.
- Was habe ich in den letzten Monaten getan oder erlebt, das ich gerne in nächster Zeit beibehalten, wiederholen oder intensivieren möchte?
- Mit wem möchte ich gerne (mehr) Zeit verbringen?
- Was hat mir in der Vergangenheit geholfen, etwaige Hindernisse, Ängste und Sorgen zu überwinden? Was davon könnte mir wieder helfen?
- Welche meiner Eigenschaften und Stärken möchte ich ganz bewusst in die nächsten Monate mitnehmen?

Was hat nicht funktioniert?

- Was aus dem letzten Jahr möchte ich gerne hinter mir lassen bzw. nicht wiederholen? Was möchte ich anders machen?

- Mit welchen Lebensbereichen bin ich unzufrieden? Was genau stört mich daran? Was will ich stattdessen? Was wünsche ich mir in diesem Bereich?
- Welchen Menschen möchte ich in Zukunft weniger Zeit schenken oder weniger Platz in meinem Leben einräumen?
- Was hab ich im letzten Jahr vernachlässigt und wofür möchte ich mir wieder mehr Zeit nehmen?
- Was hab ich aus den weniger erfreulichen Dingen der letzten Monate für die Zukunft gelernt?

Soweit zum Ist-Zustand und dem, was Sie aus Ihrer jüngsten Vergangenheit erkennen können. Kommen wir zu Ihren Träumen und Wünschen.

3. Zeit zu träumen

Meine Wunschliste
Vielleicht haben Sie als Kind davon geträumt, Popstar, Detektiv oder Prinzessin zu sein, mit einem Segelboot um die Welt zu fahren, ein Pferd zu haben oder auf einem großen Bauernhof zu leben. Kinder haben in der Regel kein Problem, allen zu erzählen, wovon sie träumen und was sie sich wünschen. Sie kommen gar nicht auf die Idee, dass manches davon gar nicht möglich sein könnte. Im Laufe der Zeit lernen die meisten von uns, dass es besser ist, „vernünftig" und „realistisch" zu sein und uns an dem zu orientieren, was angeblich sinnvoll und machbar ist. Statt zuzulassen, dass sich unsere Träume und Wünsche mit dem Älterwerden auf ganz natürliche Weise verändern und sich mehr und mehr herauskristallisiert, was wir wirklich brauchen, um glücklich zu sein, hören wir auf, zu träumen und an unsere Möglichkeiten zu glauben. Schlimmer noch, wir hören auf zu glauben, dass wir so leben könnten, wie wir leben wollen.

Ich möchte heute keinen eigenen Zoo mehr haben und nicht mehr Chemikerin werden. Vermutlich haben sich auch die meisten Ihrer Träume seit Ihrer Kindheit verändert, doch steckt in Ihren heutigen Wünschen die Information, die Sie brauchen, um Ihr Leben Ihrem Wesen entsprechend zu gestalten. So wie ein Olivenbaum Wärme braucht, um Früchte zu tragen, ein Adler dazu geboren ist, hoch oben am Himmel zu fliegen und ein Boot seine Bestimmung am Wasser findet, haben Sie einzigartige Anlagen, die sich nur entfalten können, wenn Sie Ihren innersten Sehnsüchten und Wünschen Ausdruck verleihen.

Erlauben Sie sich jetzt zu träumen, so wie Sie das als Kind getan haben. Schreiben Sie auf einer Liste alles auf, was Sie gerne in Ihrem Leben hätten und was zu Ihrem Traum-Leben dazugehört. Was wollen Sie am liebsten sein, tun, erreichen, besitzen, erschaffen oder geben? Nehmen Sie sich zehn bis fünfzehn Minuten Zeit und notieren Sie unzensuriert alles, was Ihnen einfällt. Egal ob es etwas Kleines oder Großes ist. Egal ob es im Augenblick realistisch oder utopisch scheint. Egal ob Sie einen Wunsch richtig oder falsch finden. Alle Ihre Wünsche dürfen sein, auch wenn sie scheinbar keinen Sinn haben oder „nur" materielle Bedürfnisse erfüllen. Wenn Sie einen Wunsch in sich verurteilen, verurteilen Sie sich selbst. Zerbrechen Sie sich außerdem nicht den Kopf darüber, ob das geht oder wie, wann und wo das passieren soll. Kurz: Denken Sie nicht lange nach und legen Sie los.

Die Wichtigkeit meiner Wünsche

Wenn Sie fertig sind, schreiben Sie zu jedem Punkt auf der Liste, wie wichtig er Ihnen ist: von 1 = sehr wichtig bis 5 = nicht wichtig.

Eine „1" bekommt alles, was Ihnen wirklich am Herzen liegt, alles, wonach Sie sich im Innersten sehnen, alles, was Sie unbedingt wollen und brauchen, um zufrieden und glücklich zu sein.

Eine „5" bekommt alles, was zwar irgendwie schön und nett wäre, aber absolut nicht notwendig ist für Ihr Glück.

Meine Visionstafel

Eine sehr kraftvolle Methode, um Ihre Zukunft in die gewünschte Richtung zu lenken, ist die Gestaltung einer Visionstafel, oft auch Vision Board genannt. Das ist ein reales Bild von Ihren Wünschen und Absichten. Es geht ganz einfach. Nehmen Sie sich ein paar Stunden Zeit, ziehen Sie sich an einen ruhigen Platz zurück und machen Sie es sich gemütlich. Denken Sie an Ihr Traum-Leben und das, was Sie sich für die nächsten Monate (oder auch darüber hinaus) wünschen, und gestalten Sie eine Collage mit Bildern, Fotos, Symbolen, Farben, Gedanken oder Zitaten. Es gibt hier keinerlei fixe Vorgaben. Vielleicht suchen Sie Material im Internet, blättern in Zeitschriften, nutzen eigene Dinge oder machen persönliche Zeichnungen. Verwenden Sie alles, was Ihnen hilft, Ihr ideales Leben vor sich zu sehen, und alles, was sich für Sie gut anfühlt, Sie inspiriert oder motiviert. Gehen Sie die Sache mit Spaß und Freude auf Ihre eigene Weise an. Das Ergebnis muss kein Kunstwerk werden. Zum Aufkleben können Sie beispielsweise einen Karton verwenden, eine Pinnwand oder einfach ein großes Blatt Papier. Ich selbst mache mein Vision Board übrigens am liebsten am Computer. Das hat den Vorteil, dass es sich leicht verändern lässt (und damit wissen Sie auch schon, dass spätere Anpassungen erlaubt sind).

Zum Schluss schreiben Sie irgendwo auf Ihre Visionstafel „Das oder etwas Besseres". Sie wollen schließlich das Leben mit Ihren Vorstellungen nicht einschränken, sondern darauf vertrauen, dass das für Sie Beste passiert. Das Leben hat möglicherweise passendere und großartigere Ideen als Sie selbst.

Wenn Ihre Visionstafel fertig ist, suchen Sie einen guten Platz in Ihrer Wohnung, wo Ihnen das Bild in Ihrem Alltag möglichst oft ins Auge springt. Vielleicht auf Ihrem Nachtkästchen, auf Ihrem Schreibtisch oder am Eiskasten. Oder Sie machen daraus den Bildschirmhintergrund auf Ihrem Computer. Falls Sie nicht wollen, dass jemand anderer Ihr Bild sieht, dann bewahren Sie es an einem sicheren Ort auf, wo Sie es immer wieder zur Hand nehmen können.

Täglich visualisieren: Ab heute 2 Minuten am Tag träumen!

Nehmen Sie sich ab sofort jeden Tag zwei Minuten Zeit und versetzen Sie sich in die Vision Ihres Traum-Lebens hinein. Das heißt nicht, dass Sie jeden Tag mit großer Sehnsucht auf Ihre Visionstafel schauen und sich verzweifelt fragen: „Wann passiert denn endlich etwas? Wieso ist das noch nicht eingetroffen? Und wo bitte bleibt mein erfülltes Leben?" Das wäre höchst kontraproduktiv. Schließen Sie vielmehr für einen Moment Ihre Augen. Stellen Sie sich vor, wie es Ihnen geht, wenn sich Ihre wichtigsten Wünsche verwirklicht haben – fühlen Sie jetzt, wie Sie sich fühlen werden, sehen Sie, wie Sie aussehen werden, und hören Sie, was Sie über sich und Ihr Leben sagen. Nehmen Sie ein paar tiefe Atemzüge und stellen Sie sich vor, wie Sie mit jedem Atemzug diesen erfüllten Zustand in jeder Zelle Ihres Körpers abspeichern.

Zwei Minuten reichen – zwei Minuten, in denen Sie mit Hilfe Ihrer Vorstellungskraft nur an Wünschenswertes, Gutes und Schönes denken. Das ist gar nicht so einfach, wie Sie vielleicht glauben, aber hoch effizient. Was passiert: Wenn Sie sich erlauben, von Ihren Träumen zu träumen, und sich intensiv etwas vorstellen, was sich gut anfühlt, dann verändern sich Ihre Gefühle im Hier und Jetzt. Sie visualisieren also nicht, um in Zukunft etwas zu bekommen, sondern um sich in diesem Augenblick gut zu fühlen. Damit verändert sich Ihre Schwingung und somit das, was Sie in Ihrem Leben anziehen und was möglich ist. Probieren Sie es aus.

Ich schreibe in diesem Buch nichts über die geistigen Gesetze und die Hintergründe, warum solche Dinge wie eine Visionstafel funktionieren, weil darüber ohnehin schon viel geschrieben wurde und weil dieses Buch ein Praxis-Buch sein soll. Ihre eigenen Erlebnisse sind viel lehrreicher und spannender als alles, was Sie darüber lesen können – selbst dann, wenn manches nicht auf Anhieb klappt. Sie können alles über Strom und Licht wissen, aber ob Ihre Wohnzimmerlampe funktioniert und wie das Licht den Raum erhellt, das erfahren Sie nur, wenn Sie den Lichtschalter betätigen. Falls Ihr Verstand trotzdem noch Erklärungen verlangt, finden Sie im Anhang einige Buchtipps.

4. Die nächsten zwölf Monate

Sie haben Ihre Wunschliste geschrieben, die wichtigsten Punkte heraussortiert und eine Visionstafel erstellt. Das ist schon einmal ein sehr guter Anfang, doch noch nicht das Ende vom Anfang. Sie können Visionstafeln gestalten, so viele Sie wollen, und trotzdem wird nichts passieren, wenn Sie nicht selbst aktiv werden. Wie, wann und wo sich Ihre Wünsche verwirklichen, darüber müssen Sie sich jetzt nicht den Kopf zerbrechen. Jetzt geht es vielmehr darum herauszufinden, wo Ihre Prioritäten liegen und wie Sie die nächsten zwölf Monate Ihres Lebens gestalten wollen. Ein Jahr ist einerseits ein überschaubarer Zeitrahmen und anderseits genug Zeit, um einiges verändern und bewegen zu können.

Was soll in den nächsten zwölf Monaten passieren?
- Was möchte ich gerne am _____ . _____ (in zwölf Monate von heute) über das vergangene Jahr erzählen? Was soll passiert sein? Was möchte ich erlebt haben? Was will ich tun, erreichen oder verwirklichen?
Natürlich dürfen hier Ihre Wunschliste und Ihre Visions-

tafel als Inspirationsquellen dienen. Schreiben Sie an dieser Stelle aber bitte nicht nur übergroße Wünsche auf, auf die Sie keinerlei Einfluss haben und die ausgesprochen unrealistisch erscheinen. Halten Sie sich an solche, die vorstellbar sind, und bei denen Sie auch selbst bereit sind, aktiv etwas dafür zu tun. Ergänzend dazu notieren Sie ein paar Wünsche, deren Erfüllung für Sie ein kleines Wunder wäre.

❧ Was ist das „Eine" – das Allerbeste, das in den nächsten zwölf Monaten passieren könnte?
Fragen Sie am besten Ihr Herz: „Was ist meine größte Sehnsucht für die nächste Zeit?"

▨ Meine Vorhaben für die nächsten zwölf Monate

Kommen wir zu dem, was Sie in verschiedenen Lebensbereichen in den nächsten zwölf Monaten tatsächlich tun wollen. Hier geht es nicht um die typischen Neujahrsvorsätze, die bekanntlich nicht viel länger leben als Eintagsfliegen. Vergessen Sie alle „Ich sollte"- und „Ich müsste"-Vorhaben und konzentrieren Sie sich auf „Ich will"- und „Ich möchte"-Punkte. Überlegen Sie sich, wie Sie dem Leben ein paar Schritte entgegengehen können und was Sie selbst zur Verwirklichung Ihrer Wünsche und Träume beitragen werden. Sammeln Sie Ideen und notieren Sie alles, was Ihnen in dem jeweiligen Bereich einfällt. Werden Sie dabei so konkret wie möglich. Schreiben Sie nur auf, was Sie realistischerweise tun können – was in Ihrer Macht liegt. Überfordern Sie sich nicht. Die Vorstellung, das tatsächlich umzusetzen, soll Ihnen gefallen und ein gutes Gefühl vermitteln und keinen Stress.

❧ Was ich für mein Beziehungsleben tun möchte:
Das kann sich auf den Lebenspartner, die Familie, Freunde, neue Bekanntschaften und/oder Kollegen beziehen.
Nehmen wir an, Sie wollen mehr Zeit mit lieben Freunden verbringen, dann schreiben Sie möglichst konkret auf, was

Sie genau tun möchten, z. B.: Einmal im Monat eine Essenseinladung bei mir zu Hause machen, zweimal im Monat mit meiner besten Freundin Kaffeetrinken gehen oder einen Jour Fix für einen gemeinsamen Spieleabend vereinbaren. Oder Sie wünschen sich eine glücklichere Beziehung und schreiben z. B.: Einmal in der Woche einen Babysitter engagieren und nur mit meinem Partner Zeit verbringen, in eine Paartherapie gehen oder nächsten Monat einen gemeinsamen Ausflug nach Paris machen.

✿ **Was ich für meine Gesundheit tun möchte:**
Schreiben Sie hier nicht so etwas wie „Ich möchte abnehmen" oder „Ich möchte fitter sein", sondern etwas wie „3 x am Tag essen und alle Zwischenmahlzeiten weglassen", „Einmal in der Woche einen Safttag machen", „Mit dem Fahrrad ins Büro fahren und zweimal in der Woche tanzen gehen". Das sind natürlich nur Beispiele. Überlegen Sie, was Sie genau tun wollen.

✿ **Was ich für mein Berufsleben tun möchte:**
Vielleicht wollen Sie eine Gehaltserhöhung bei Ihrem Chef durchsetzen oder ein neues Aufgabengebiet übernehmen. Vielleicht möchten Sie eine Fortbildung besuchen oder sogar eine neue Ausbildung beginnen und sich beruflich ganz neu orientieren. Vielleicht wollen Sie aber auch beruflich kürzertreten und möchten lernen, mehr zu delegieren.

✿ **Was ich für meine persönliche und spirituelle Entwicklung tun möchte:**
Jeden Tag zehn Minuten meditieren, Lebensratgeber lesen, Achtsamkeitsübungen machen, mit einem Coach an der eigenen Entwicklung arbeiten, einen Trainingskurs in gewaltfreier Kommunikation besuchen, offener auf neue Menschen zu gehen – um nur einige Beispiele zu nennen.

❧ Was ich für meine finanzielle Situation tun möchte:
Sie könnten beispielsweise immer am 1. des Monats mindestens 5% Ihres Einkommens auf ein eigenes Konto überweisen, um auf ein besonderes Ziel zu sparen oder um eine Rücklage zu bilden; Sie könnten sich ein Einkaufslimit setzen oder „unnötige" Ausgaben aufspüren und reduzieren.

❧ Was ich gerne lernen möchte:
Das kann eine neue Fertigkeit sein, z. B. Fotografieren, eine neue Sportart oder eine fremde Sprache, oder auch etwas, das Sie wieder anfangen möchten, z. B. ein Hobby, das Sie in letzter Zeit vernachlässigt haben.

❧ Was ich in meiner Freizeit unbedingt unternehmen möchte:
Denken Sie hier daran, wie, wo und womit Sie Ihre freie Zeit am liebsten verbringen wollen. Was möchten Sie erleben und mit wem?

❧ Welchen positiven Beitrag ich gerne leisten möchte:
Einen positiven Beitrag zum Leben zu leisten, gehört zu den menschlichen Grundbedürfnissen. Hier geht es darum, etwas zum Wohl anderer Menschen, der Tiere, der Umwelt oder der Gesellschaft beizutragen. Welchen noch so kleinen Beitrag möchten Sie zur Verbesserung der Welt leisten?

❧ Die eine – die wichtigste – Veränderung, die ich in diesem Jahr machen möchte:
Wenn Ihre Absicht damit zu tun hat, etwas loswerden zu wollen wie z. B. eine Verhaltensweise, ein paar Kilo oder einen Job, der Ihnen nicht mehr gefällt, dann halten Sie bitte außerdem fest, was Sie stattdessen wollen. Es reicht nicht, zu wissen, was Sie nicht mehr tun oder haben wollen. Was wollen Sie? Und was können Sie selbst aktiv dafür tun?

Diese Vorhaben-Liste ist wichtig. Wir alle haben Durchhänger und Zeiten, in denen wir vergessen, selbst etwas für unser Glück zu tun, so gut es eben geht. Diese Liste ist aber weder in Stein gemeißelt, noch handelt es sich um einen „Das muss ich jetzt unbedingt genauso machen"-Plan. Bleiben Sie flexibel! Wenn Sie den inneren Drang verspüren, etwas ganz anderes zu tun, oder beispielsweise das Gefühl haben, einen bestimmten Menschen kontaktieren oder einen bestimmten Ort aufsuchen zu müssen, dann tun Sie das. Schauen wir uns das anhand eines konkreten Beispiels an. Sagen wir, Sie wünschen sich eine berufliche Veränderung. Auf Ihre „Was ich tun möchte"-Liste schreiben Sie: meinen Lebenslauf aktualisieren, ein Gespräch mit einem Berufs-Coach führen, Stellenanzeigen lesen und Bewerbungen schicken, sobald mich eine Annonce innerlich anspricht. Plötzlich kommt wie aus dem Nichts ein Impuls, zu einem Klassentreffen zu gehen, das Sie eigentlich schon seit Jahren nicht mehr besuchen. Dort sprechen Sie mit einem Schulkollegen, der „ganz zufällig" den richtigen Job für Sie hat.

Das Leben ist oft viel genialer darin, uns die Erfüllung unserer Träume zu ermöglichen, als wir mit unseren eigenen Plänen. Jetzt fragen Sie sich vielleicht, warum Sie sich überhaupt Gedanken darüber machen, was Sie tun können, wenn das Leben dann ohnehin für Sie zaubert. Manche Menschen werden Ihnen erzählen, dass Ihre Wünsche ohne eigenes Zutun in Erfüllung gehen. Ich weiß, das klingt bequem. Meine Meinung dazu habe ich Ihnen schon auf der ersten Seite des Buches verraten: Von nichts kommt nichts. Oder wie eine Weisheit sagt: Hilf dir selbst, dann hilft dir Gott. Wenn Sie wollen, dass das Leben für Sie zaubert, müssen Sie aktiv werden, Ihr Potenzial nutzen und handeln. Damit Sie da genug Ideen und Möglichkeiten haben, haben Sie Ihre „Was ich tun möchte"-Liste, die Sie jederzeit ergänzen und abwandeln können.

Meine obersten Prioritäten

Wenn Sie bis hierher gearbeitet haben, dann haben Sie schon eine Menge an Ideen und Absichten. Fangen Sie mit der Umsetzung lieber klein an. Werfen Sie noch mal einen Blick auf die Liste Ihrer Wünsche und Vorhaben für die nächsten zwölf Monate. Wenn Sie alles vor sich haben, wählen Sie daraus noch einmal Ihre drei Top-Prioritäten: Was ist Ihnen jetzt am wichtigsten? Was möchten Sie in den nächsten zwölf Monaten unbedingt verwirklichen?

Mögliche Hürden

Werfen Sie noch einen kurzen Blick auf mögliche Hemmschuhe:

- Was könnten die größten Hindernisse sein, die meinen Wünschen und Vorhaben im Weg stehen? Wovor hab ich am meisten Angst?
- Welche(s) Gegenmittel fällt/fallen mir spontan zu diesen Hindernissen ein? Was hat mir vielleicht früher schon einmal geholfen?
- Welche meiner Stärken könnten hier hilfreich und wichtig sein?

5. Jetzt anfangen!

Wenn es darum geht, ein Vorhaben umzusetzen, dann gibt es im Coaching eine einfache Regel: Fang jetzt an! Sie brauchen keinen detaillierten Masterplan. Viel wichtiger ist, dass Sie jetzt mit irgendetwas anfangen – und wenn der Schritt auch noch so klein ist.

- Mein erster Schritt, den ich noch heute gehen werde:

....

....

Das könnte zum Beispiel ein Anruf sein, eine Recherche, eine Anmeldung für einen Kurs, den Sie besuchen wollen, oder ein Termin, den Sie vereinbaren. Jeder noch so kleine Schritt zählt.

🌿 Die nächsten drei Schritte, die ich in den nächsten drei Tagen gehen werde:

Morgen: ....

Übermorgen: ....

Überübermorgen: ....

Der Anfang ist geschafft. Im nächsten Schritt fügen Sie noch eine Prise Begeisterung dazu.

Wenn du gehen kannst, kannst du auch tanzen;
wenn du reden kannst, kannst du auch singen;
wenn du denken kannst, kannst du auch träumen.
Und deine Träume wahr machen.

Afrikanisches Sprichwort

B

WIE BEGEISTERUNG

Intention: Ich weiß, wofür ich mich begeistere und was meine Lebensgeister weckt.

Die kleine Sophie juchzt auf und hüpft in die tiefe Pfütze. „Hör auf, du wirst ganz nass!", brüllt ihre Mutter. Der kleine Joe baut eine kleine Ewigkeit an einem großen Bauklotzturm und lässt ihn dann mit einer ebenso großen Begeisterung einkrachen. Sein Vater schüttelt verständnislos den Kopf und fragt, warum er alles kaputt machen müsse. Die kleine Rosa jubelt bei jeder Kuh, die sie irgendwo entdeckt: „Schau! Muh Kuhli!" „Ja schön, eine Kuh" grummelt ihre Oma jedes Mal ohne hinzuschauen.

Die pure Lebensfreude, die Kinder an den Tag legen, finde ich immer wieder faszinierend. Kinder haben eine Fähigkeit, die den meisten Menschen im Laufe des Erwachsenwerdens abhandenkommt: die Fähigkeit, sich für unzählige Dinge zu begeistern.

Laut Hirnforschung erlebt ein Kleinkind zwanzig bis fünfzig Mal am Tag einen Zustand größter Begeisterung. Sie brauchen keine Drogen, um high zu sein und das Leben im Jetzt zu genießen. Jeder Tag ist bedeutsam und interessant, voller neuer Erlebnisse und Erfahrungen. Jeder Tag ist voller Wunder. Kein Wunder, dass kleine Kinder meist freiwillig in aller Herrgottsfrüh aus dem Bett springen. Und wir Erwachsenen? Hand aufs Herz:

🌱 Wie oft springen Sie in der Früh voller Vorfreude auf den kommenden Tag aus dem Bett?

- Wie oft am Tag, in der Woche oder im Monat erleben Sie einen Zustand echter Begeisterung?
- Was muss passieren, damit Sie begeistert sind?

Ich will hier nicht alle über einen Kamm scheren – vielleicht sind Sie eine Ausnahme, doch in der Regel stumpfen wir ab, und es muss schon etwas eher Außergewöhnliches geschehen, damit wir so etwas wie Begeisterung erleben. Im Alltäglichen können wir das Wunderbare nicht mehr wirklich entdecken: Eine Pfütze – gähn! Eine Kuh – gähn! Ein Sonnenaufgang – gähn! Mein Auto – gähn! Meine Wohnung – gähn! Mein Partner – gähn! Mein Job – gähn! Wieder ein Urlaub in XY – gähn! Alles schon mal dagewesen, alles schon erlebt. Begeisterungsfähigkeit ade. Das Blöde daran: Begeisterungsfähigkeit ist eine der Hauptzutaten für ein erfülltes Leben. Wer sich für nichts begeistern kann, dem hat das Leben wenig zu bieten. Das Gute daran: Wir können unsere Begeisterungsfähigkeit wieder erwecken. Begeisterung ist eine Aktivität: *Sich für etwas zu begeistern ist etwas, das Sie aktiv tun können.*

Das heißt jetzt nicht unbedingt, dass Sie in jede Pfütze hüpfen müssen, und auch nicht, dass jede Kuh einen Freudenschrei bei Ihnen auslösen muss. Doch wenn Sie kurz in sich gehen, fallen Ihnen sicher ganz einfache Dinge ein, die Ihnen Freude bereiten und Sie begeistern. Nennen wir sie hier die „kleinen Freuden" des Lebens. Bei mir wäre das zum Beispiel: Gute Musik – ich drehe gerne meine Lieblingsmusik volles Rohr auf und singe lauthals mit (meinen Nachbarn zuliebe mache ich das gerne im Auto). Spannende Bücher – da kann es passieren, dass ich so vertieft darin bin, dass Sie mich wegtragen könnten, ohne dass ich es merke. Sport – genauer gesagt Wasserskifahren auf aalglattem Wasser, Spinning (bei lauter Musik versteht sich) und Yoga in allen Variationen. Oder ganz einfach ein köstlicher Fisch in Salzkruste bei meinem Lieblingsitaliener.

Das muss nichts Außergewöhnliches sein, selbst für „alte" oder „schon tausend Mal erlebte" Dinge können wir uns begeistern, wenn wir mit offenen Augen und offenem Herzen durchs Leben gehen. Es lohnt sich, denn echte Begeisterung ist eine der wichtigsten inneren Energiequellen – eine Art innerer Motor, der uns Kraft, Disziplin, Durchhaltevermögen und Freude am Leben schenkt. Es ist das, was uns von innen heraus strahlen lässt.

Meine persönliche Begeisterungsliste

Die folgenden Fragen sollen Ihnen helfen, Ihre persönliche Begeisterungsliste zu erstellen. Das ist die letzte Liste, die Sie für das Wachstums-ABC brauchen. Wiederum gilt: Schreiben Sie nicht auf, was dort stehen „sollte", „müsste" oder „gut wäre", schreiben Sie nur das auf, was wirklich Ihr Herz erfreut und begeistert. Das muss nichts Großes oder Außergewöhnliches sein, was zählt, ist, dass Sie es richtig gern tun, dass schon der Gedanken daran Ihr Herz ein klein wenig höher schlagen lässt oder schon beim Aufschreiben Lust und Vorfreude auf die nächste Gelegenheit entsteht.

Gut möglich, dass sich hier einiges oder sogar vieles wiederholt, was Sie schon auf Ihrer Wunsch- oder Vorhabenliste notiert haben. Notieren Sie es ruhig doppelt. Alles, was an dieser Stelle noch einmal auftaucht, ist einfach besonders wichtig für Sie und macht die Würze Ihres Lebens aus. Es sind die Dinge, die Sie wirklich nicht vernachlässigen sollten. Vielleicht fällt es Ihnen aber auch gar nicht so leicht, diese Fragen zu beantworten – möglicherweise stellen Sie sich manche davon zum ersten Mal. Dann lassen Sie sich Zeit, um Ihre Antworten zu finden, und ergänzen Sie die Liste im Laufe der nächsten Wochen. Los geht's:

- Wofür habe ich eine Leidenschaft? Womit verbringe ich am liebsten meine Zeit?
Schreiben Sie zunächst ruhig mal alles auf, was Ihnen in den Sinn kommt. Auch wenn es etwas ist, was Sie nur „ganz gerne" tun. Sammeln Sie zunächst möglichst viel und suchen Sie erst im zweiten Schritt Ihre Favoriten aus, nämlich das, was eben mehr ist als „ganz nett".
- Was packt mich? Was weckt meine Neugier oder meinen Enthusiasmus? In welchen Bereichen bin ich ganz begierig darauf, Neues zu lernen?
Vielleicht lesen Sie gerne Bücher oder sehen Sendungen über ein bestimmtes Thema wie z. B. Kultur, Architektur, Geschichte oder Spiritualität. Oder es gibt Themen, über die Sie stundenlang nachdenken oder sich unterhalten können. Möglicherweise bilden Sie sich gerne fort. Oder es gibt eine Sache, für die Sie sich mit ganzem Herzen engagieren.
- Was muss am Programm stehen, damit ich mich schon in der Früh auf den Tag freue? Oder was lässt mich länger aufbleiben, weil ich so bei der Sache bin, dass ich nicht aufhören will?
Wenn Sie auf die erste Frage antworten: „Ein freier Tag", dann denken Sie bitte weiter: Was genau begeistert Sie an einem freien Tag? Wofür wollen Sie Ihre freie Zeit nutzen? Oder wenn Ihre Antwort „Urlaub" lautet, dann fragen Sie sich: „Was mache ich im Urlaub, dass ich mich so darauf freue und mit Begeisterung aufstehe?"
- Was tut mir richtig leid, wenn ich es – aus welchen Gründen auch immer – nicht tun kann, wenn es ausfällt oder abgesagt wird?
Ich werde zum Beispiel ganz unruhig, wenn ich mich verletzungsbedingt für einige Zeit nicht sportlich betätigen darf. Meine beste Freundin ist total durch den Wind, wenn ihr wöchentlicher Spieleabend ausfällt, und meine Mutter ist

nicht meine Mutter, wenn sie nicht einmal in der Woche eine Kulturveranstaltung am Programm hat.

❧ Wobei kann ich die Zeit vergessen, weil ich so bei der Sache bin?

Manchen Menschen passiert das beim Joggen, anderen beim Gärtnern, beim Kochen, beim Lesen, beim Schreiben, bei einem spannenden Projekt oder bei einem angeregten Gespräch.

Auf Ihrer Liste können Menschen, Orte, Tiere, bestimmte Themen, Sportarten, Essen, Kochen, Reisen, Hobbies, Rituale, Musik, Filme, Bücher, Zeitungen, Organisationen oder sonst was stehen. Es ist Ihre ganz persönliche Liste. Es ist das, was Sie begeistert und Ihre Seele zum Leuchten bringt.

Dein Leben beginnt sich auf magische Weise zu entwickeln, wenn du beginnst, den Dingen zu folgen, die du liebst, anstatt dich mit Dingen zu verausgaben, die dich weder interessieren noch betreffen.

Fred Dodson

WIE CHECKLISTE

Intention: Ich erkenne mein Wachstumspotenzial im Wachstums-ABC.

Hier finden Sie einen kleinen Selbst-Check und gleichzeitig eine Orientierungshilfe im Wachstums-ABC. Der Check ist ganz einfach: Lesen Sie die Aussage und kreuzen Sie spontan an, wie Sie sich in dieser Hinsicht selbst einschätzen. Drei lachende Smileys vergeben Sie dort, wo Sie vollauf mit sich zufrieden sind, und drei schmollende Smileys, wo Sie einen großen Verbesserungsbedarf sehen. Seien Sie ehrlich zu sich. Am Ende erwarten Sie keine Auswertung und kein psychologisches Urteil. Sie sollen hier nur ein Gefühl dafür bekommen, wo möglicherweise Wachstumsbedarf besteht. Los geht's:

WISSEN, WAS ICH WILL

Ich weiß, was ich in den nächsten Monaten gerne verwirklichen will. ☹☹☹ ☹☹ ☹ ☺ ☺☺ ☺☺☺ **A**

Ich weiß, was mich begeistert und meine Lebensgeister weckt. ☹☹☹ ☹☹ ☹ ☺ ☺☺ ☺☺☺ **B**

Ich nehme meine innere Stimme wahr, spüre oder weiß einfach, was für mich gut und richtig ist. ☹☹☹ ☹☹ ☹ ☺ ☺☺ ☺☺☺ **I S**

Meine Wünsche und Vorhaben passen zu mir und meinem Wesen. ☹☹☹ ☹☹ ☹ ☺ ☺☺ ☺☺☺ **K**

| Ich weiß, was wirklich zählt in meinem Leben. | ☹ ☹ ☹ | ☹ ☹ | ☹ | ☺ | ☺ ☺ | ☺ ☺ ☺ | Q |

TUN, WAS ICH TUN WILL

| Ich mache mein Handeln nicht von anderen Menschen und deren Zustimmung abhängig. | ☹ ☹ ☹ | ☹ ☹ | ☹ | ☺ | ☺ ☺ | ☺ ☺ ☺ | E W |

| Ich tue selbst etwas dafür, dass sich meine Wünsche verwirklichen. | ☹ ☹ ☹ | ☹ ☹ | ☹ | ☺ | ☺ ☺ | ☺ ☺ ☺ | H K |

| Ich tue das, was sich für mich gut, richtig und stimmig anfühlt. | ☹ ☹ ☹ | ☹ ☹ | ☹ | ☺ | ☺ ☺ | ☺ ☺ ☺ | I N |

| Ich lasse mich von Unsicherheiten und Ängsten nicht davon abhalten, meinen Weg zu gehen. | ☹ ☹ ☹ | ☹ ☹ | ☹ | ☺ | ☺ ☺ | ☺ ☺ ☺ | E H M |

| Ich habe genug Energie und Kraft, um meine Vorhaben umzusetzen. | ☹ ☹ ☹ | ☹ ☹ | ☹ | ☺ | ☺ ☺ | ☺ ☺ ☺ | T U |

KONSTRUKTIV DENKEN UND DIE GEDANKENKRAFT NUTZEN

| Ich erkenne blockierende Glaubenssätze und kann sie verändern. | ☹ ☹ ☹ | ☹ ☹ | ☹ | ☺ | ☺ ☺ | ☺ ☺ ☺ | G K |

| Ich sage „Ja" zu mir selbst und zum Leben – ich bin bereit anzunehmen, was ist. | ☹ ☹ ☹ | ☹ ☹ | ☹ | ☺ | ☺ ☺ | ☺ ☺ ☺ | J |

| Ich halte nicht an negativen Erwartungen fest, sondern bin offen für neue Erfahrungen. | ☹ ☹ ☹ | ☹ ☹ | ☹ | ☺ | ☺ ☺ | ☺ ☺ ☺ | O |

Ich kann meine Sichtweise verändern, wenn ich merke, dass ich nicht weiterkomme.　☹ ☹ ☹ ☺ ☺ ☺　P W

Ich entscheide selbst, wie ich auf das, was in meinem Leben passiert, reagiere.　☹ ☹ ☹ ☺ ☺ ☺　W

ENTSPANNEN & GESCHEHEN LASSEN

Ich nehme mir Erholungspausen, in denen ich mich ausruhe und Kräfte sammle.　☹ ☹ ☹ ☺ ☺ ☺　L

Ich lebe im Moment und folge so oft wie möglich meiner Freude.　☹ ☹ ☹ ☺ ☺ ☺　N

Ich gönne mir regelmäßig Zeiten der Stille.　☹ ☹ ☹ ☺ ☺ ☺　S

Ich habe Vertrauen und lasse der Verwirklichung meiner Wünsche Zeit.　☹ ☹ ☹ ☺ ☺ ☺　V

Ich halte die Balance zwischen Aktivität und Entspannung, Tun und Geschehenlassen.　☹ ☹ ☹ ☺ ☺ ☺　Y

HILFREICHE RITUALE & GEWOHNHEITEN

Ich empfinde oft ein Gefühl der Dankbarkeit für mein Leben und für das, was ist.　☹ ☹ ☹ ☺ ☺ ☺　D

Ich setze mir klare Prioritäten und verliere die mir wichtigen Dinge nicht aus den Augen.　☹ ☹ ☹ ☺ ☺ ☺　F Q

Ich habe Rituale und Gewohnheiten, die mir helfen, meine Wünsche zu verwirklichen.	☹ ☹ ☹	☹ ☹	☹	☺	☺ ☺	☺ ☺ ☺	R D F S
Ich lebe in einem Umfeld, das mich in meinen Vorhaben unterstützt.	☹ ☹ ☹	☹ ☹	☹	☺	☺ ☺	☺ ☺ ☺	U
Ich weiß, dass ich einzigartig bin, und nutze meine Talente und Stärken.	☹ ☹ ☹	☹ ☹	☹	☺	☺ ☺	☺ ☺ ☺	X

Vielleicht fällt es Ihnen generell oder bei einigen Punkten schwer, sich selbst einzuschätzen. Das macht nichts. Kommen Sie einfach später noch einmal auf diesen Check zurück, dann wird das Ganze wesentlicher einfacher sein, weil Sie wissen, was genau mit der Aussage gemeint ist.

Sie müssen das ABC nicht unbedingt in der vorgegebenen Reihenfolge durchgehen (nur A und B brauchen Sie zur Vorbereitung). Haben Sie im Check auffällige Schwachstellen entdeckt, an denen Sie zuerst arbeiten möchten, dann wissen Sie jetzt, unter welchem Buchstaben Sie relevante Wachstumshinweise finden. Wenn Sie schon ganz viele Smileys haben, könnten Sie jetzt das Gefühl haben, dass Ihnen das Wachstums-ABC gar nichts mehr zu bieten hat. Ich hoffe, das ist nicht so, und möchte Sie einladen, neugierig und offen zu bleiben. Möglicherweise gehören Sie aber auch zu den Menschen, die sich extrem kritisch einschätzen und jetzt am liebsten frustriert die Flinte ins Korn werfen würden. Tun Sie das bitte nicht. „Unsere größte Schwäche liegt im Aufgeben. Der sicherste Weg zum Erfolg ist immer, es doch noch einmal zu versuchen", hat Thomas Edison gesagt, der immerhin rund zweitausend Anläufe nehmen musste, um schließlich die Glühbirne zu erfinden.

In jedem Fall können Sie zu diesem Selbst-Check im Laufe der Zeit immer wieder zurückkehren und feststellen, was sich verändert hat.

Niemand kann zurückgehen
und einen neuen Anfang machen;
aber jeder kann am gegenwärtigen Punkt beginnen
und ein ganz neues Ende bestimmen.

Dan Zadra

D

WIE DANKBARKEIT

Intention: Ich bin dankbar für alles, was mir das Leben schenkt.

Stellen Sie sich vor, Sie machen jemandem ein wohlüberlegtes und mit Liebe ausgesuchtes Geschenk. Diese Person verliert kein einziges Wort des Dankes und beschwert sich sogar noch darüber, dass sie nicht das bekommen hat, was sie sich wünscht. Oder Sie schleppen für Ihre Nachbarin schwere Einkaufstüten nach Hause, um ihr zu helfen, und statt sich zu bedanken, beklagt sie sich bei Ihnen darüber, dass sich wirklich kein Mensch um sie kümmert. Oder Ihr Kollege hält es für vollkommen selbstverständlich, dass Sie ihm seine Arbeit abnehmen, weil Sie das ohnehin ständig tun. Das käme nicht so gut an. Nicht wahr?

Wenn nichts zurückkommt, verlieren wir früher oder später die Lust zu schenken, zu helfen und Gutes zu tun. Dem Leben geht es scheinbar nicht anders. Nur wenn wir von ganzem Herzen schätzen, was wir haben, und dankbar sind für das, was wir bekommen, erfahren wir die Fülle des Lebens und werden reichlich beschenkt. Das Leben reagiert auf unsere Schwingung – was wir ausstrahlen, bekommen wir zurück. Gerade, wenn es darum geht, etwas im Leben zu verändern und seine Träume zu verwirklichen, bleibt jedoch die Dankbarkeit leicht auf der Strecke. Die Gefahr ist groß, in jenen Gedanken stecken zu bleiben, die sich darum drehen, was im Leben (noch) fehlt oder nicht so gut funktioniert, und sehnsüchtig darauf zu warten, dass sich endlich die richtigen Wünsche erfüllen in der Hoffnung, dass es dann besser wird. Doch so wird es nie besser. Mangeldenken führt zu mehr Mangel. Das ist ein spirituelles Gesetz. „Begrenze deine Wünsche und sei glücklich." So oder ähnlich lauten viele Weisheiten, die darauf hinauslaufen, zufrieden und dankbar zu sein mit dem, was ist, statt irgendwelchen nie enden wollenden Wünschen nachzujagen. Das ist eine Möglichkeit. Ich halte jedoch Wünsche für menschlich, natürlich und gesund. Mehr noch sind wir spirituelle Wesen, die auf dieser Erde menschliche Erfahrungen machen. Wir sind ausgestattet mit einem schöpferischen Potenzial und haben hier die Chance, dieses Potenzial zu entfalten und bewusst zu erschaffen, was wir erfahren möchten. Das ist allerdings kein einmaliges Ereignis – „peng" und auf einmal ist alles genau so, wie wir das wollen und wir sind wunschlos glücklich bis ans Ende aller Tage. Nein! Träume zu verwirklichen ist ein laufender Prozess, der nie endet. Aus dem, was wir erleben, entstehen Wünsche und Vorhaben. Daraus ergeben sich Erfahrungen, die wieder zu neuen Wünschen und Vorhaben führen. Und so weiter. Es ist ein Wachstums-, Entwicklungs- und Lernprozess. Jede Erfahrung kann uns dabei helfen, klarer darüber zu werden, was wir manifestieren wollen, bzw. herauszufinden, wie und wo wir uns selbst noch blockieren. Dieser Prozess kann Spaß und Freude machen und auf spielerische Weise geschehen, wenn wir uns bloß nicht so oft einbilden würden, dass das Leben etwas Falsches liefert und es anders sein sollte, als es jetzt gerade ist. Es läuft eben nicht immer so, wie wir uns das mit unserem begrenzten Verstand vorstellen. Die Geschenke, die uns das Leben macht, kommen nicht immer im schönsten Papier und mit der größten Schleife daher. Nicht immer ist das drin, was wir erwarten. Nicht immer kommen die Dinge auf dem Weg und zu dem Zeitpunkt, den wir für den richtigen halten. Wenn wir aber darüber meckern, jammern und klagen, was uns das Leben jetzt schenkt oder eben nicht schenkt, die Geschenke gar nicht wahrnehmen oder das Gute für selbstverständlich halten, dann bleiben wir in unserer eigenen Misere stecken. Weder erkennen wir, wie wertvoll das ist, was wir bekommen – selbst wenn es vielleicht ganz anders aussieht als gewünscht –, noch sehen wir, was wir daraus lernen können. Schlimmer noch, mit dem Fokus auf den Mangel verlieren wir unsere ganze Energie und Kraft. Wir werden ängstlich und starr. Hier gilt es, bewusst vorzubeugen. Wenn Sie Ihre Wünsche und Vorhaben in den nächsten zwölf Monaten verwirklichen wollen, ist es wichtig, Ihre Aufmerksamkeit gezielt zu lenken: weg vom Mangel und allem, was (noch) nicht funktioniert oder (noch) nicht so gut ist, hin zu dem, was Ihnen das Leben täglich schenkt. Damit wir uns nicht missverstehen: Es geht hier nicht darum, alles durch die rosarote Brille zu sehen und Probleme unter den Teppich zu kehren. Im Gegenteil, durch Dankbarkeit für das, was Sie haben und bekommen, gewinnen Sie die Kraft und die Energie, die Sie brauchen, um konstruktiv zu handeln, Herausforderungen zu meistern und etwaige Probleme zu lösen.

Das tägliche Dankbarkeits-Ritual

Nehmen Sie sich jeden Abend vor dem Einschlafen ein paar Minuten Zeit für ein kleines Dankbarkeits-Ritual. Lassen Sie den vergangenen Tag Revue passieren und finden Sie etwas, wofür Sie heute „Danke" sagen wollen:

- Was hat mir der heutige Tag geschenkt? Was hat mich gefreut, mir gut getan oder mich vorangebracht? Womit war ich heute zufrieden? Was hab ich genossen? Was waren kleine Highlights oder besondere Momente?
  Widmen Sie allem, was Ihnen einfällt, einen guten Gedanken, eine symbolische Geste des Dankes oder ein paar Worte der Wertschätzung. Lassen Sie dabei ein Gefühl von Dankbarkeit in Ihrem Herzen aufkommen.

❧ Welchen Menschen oder welchem Lebewesen möchte ich heute in meinen Abendgedanken danken? Das kann jemand sein, mit dem Sie heute viel zu tun hatten, eine flüchtige Begegnung oder jemand, der heute wichtig für Sie war. Sie können Ihren Dank beispielsweise auch an Ihre verstorbene Großmutter, Ihren Schutzengel oder Ihren Hund richten. Fügen Sie in Ihren Gedanken hinzu, wofür Sie dankbar sind: „Lieber X, ich danke dir für dein Lächeln!", „Liebe Y, ich danke dir, dass du mir zugehört hast und ich mich von dir verstanden gefühlt habe!" oder „Liebe Z, ich danke dir für deine ehrliche Kritik. Sie war zwar nicht angenehm, aber du hast mir damit eine neue Sichtweise eröffnet und dafür bin ich dankbar."

❧ Was ist eine Sache, die ich sonst oft für selbstverständlich nehme, für die ich heute gerne ganz bewusst „Danke" sagen möchte? Vielleicht danken Sie heute für Ihr Zuhause oder für Ihr gemütliches Bett, für das Wasser, das aus der Leitung rinnt, den Strom, der Licht und Wärme bringt, für Ihren Computer, dafür, genug zu essen zu haben oder mehr als genug zum Anziehen. Oder Sie sagen heute danke dafür, an einem friedlichen, sicheren Ort zu leben, wo Sie jederzeit ohne Angst um Ihr Leben vor die Tür gehen können. Oder Sie empfinden Dankbarkeit für Ihren Partner, der schon zu einer Selbstverständlichkeit wurde. Lassen Sie sich jeden Tag eine „Das-ist-ja-ganz-normal"-Sache einfallen, die Sie wertschätzen wollen.

Bei diesem Ritual geht es nicht darum, mechanisch für alles Mögliche danke zu sagen, das nützt gar nichts. Wenn sich jemand bei Ihnen bedankt, spüren Sie ja auch sofort, ob das von Herzen kommt und ehrlich gemeint ist oder nicht. Ein echtes Dankeschön ist mit einem starken Gefühl und positiver Energie verbunden. Besser Sie finden täglich eine Sache, für die Sie wirklich Dankbarkeit empfinden und drücken das ehrlich aus, als für tausend Dinge emotionslos zu danken. Wenn Sie in Ihrem Leben täglich ein Gefühl von echter Dankbarkeit kultivieren, rücken dadurch Probleme und Schwierigkeiten in ein anderes Licht. Sie bemerken, dass Sie mehr als genug Schönes und Gutes bekommen und hier genug Kraft finden, um alle Hürden zu meistern. Mehr noch stellen Sie fest, dass Ihnen das Leben genau zum richtigen Zeitpunkt genau das Richtige schenkt und jedes Geschenk wohlüberlegt und mit Liebe ausgesucht ist. Gut, manchmal braucht es vielleicht ein wenig Zeit, um zu erkennen, wie wertvoll manche Erfahrungen oder Erlebnisse sind. Soweit ich weiß, ist das Leben aber nicht beleidigt, wenn wir uns etwas verspätet für die Geschenke bedanken, die wir nicht gleich als solche erkannt haben.

Dankbarkeit zu äußern ist höflich und freundlich,
Dankbarkeit zu zeigen großzügig und nobel,
doch Dankbarkeit zu leben, heißt,
den Himmel zu berühren.
Johannes A. Gaertner

E

WIE EIGENVERANTWORTUNG

Intention: Ich mache mein Handeln nicht von anderen Menschen und deren Zustimmung abhängig.

Als Eigenverantwortung (auch Selbstverantwortung) bezeichnet man die Möglichkeit, die Fähigkeit, die Bereitschaft und die Pflicht, für das eigene Handeln, Reden und Unterlassen Verantwortung zu tragen. Das bedeutet, dass man für sich selbst sorgt und dass man für die eigenen Taten einsteht und die Konsequenzen dafür trägt, wie es in der Redewendung „sein Schicksal in die eigene Hand nehmen" zum Ausdruck kommt. So steht es auf Wikipedia.

Im Wachstums-ABC geht es um die Frage: Nehmen Sie Ihre Wünsche und Vorhaben in Ihre Hand? Die meisten Menschen wissen theoretisch sehr genau, dass jeder für sein Leben selbst verantwortlich ist, und doch geben so viele diese Macht ab, indem sie von anderen abhängig machen, wie sie ihr Leben gestalten. Indem sie Dinge tun, von denen sie glauben, dass andere sie von ihnen erwarten. Oder indem sie andere als Ausrede benutzen dafür, dass sie nicht das tun, was sie tun möchten. Das klingt dann zum Beispiel so: „Wenn er/sie mich mehr unterstützen oder mitmachen würde, könnte ich …", „Er/sie will nicht, dass ich …, und erwartet von mir, dass ich …, deswegen kann ich nicht", „Er/sie/es ist so und so, deswegen bin ich …"

Die Rede ist hier nicht von den Menschen, die ständig andere beschuldigen und selbst keine Verantwortung für ihre Probleme übernehmen. Ich bin mir sicher, dass Sie nicht zu dieser Sorte gehören, sonst würden Sie dieses Buch wohl nicht lesen.

Es geht hier um die Verantwortung für die eigenen Bedürfnisse, Wünsche und Vorhaben und um eine Schwachstelle, die in fast allen von uns schlummert: das kleine Kind in uns, das (noch immer) meint, auf Zustimmung, Liebe, Unterstützung und Anerkennung von außen angewiesen zu sein. Der Teil in uns, der sich Sorgen macht und Angst davor hat, was andere Menschen denken und wie sie darauf reagieren werden, wenn wir so sind, wie wir sein wollen, und tun, was wir tun möchten. Wir wollen erst sicher sein, dass das in Ordnung ist und wir nicht mit Gegenwind, Problemen oder Verlusten rechnen müssen. Selbst wenn wir unsere Wünsche und Vorhaben mutig angehen, kann es passieren, dass wir auf halbem Weg umdrehen, weil wir durch andere Menschen nicht die nötige Rückendeckung oder Bestätigung erfahren oder es nicht gleich so klappt, wie wir uns das vorstellen. Wir geben die Zügel aus der Hand, fühlen uns schlecht und schieben die Schuld dafür dann gerne anderen oder den Umständen in die Schuhe.

Ja, wir Menschen haben alle ein Bedürfnis nach Sicherheit, Anerkennung, Liebe und Zugehörigkeit. Doch wenn wir davon unser eigenes Sein und Handeln abhängig machen, bezahlen wir einen sehr hohen Preis. Bestenfalls fühlen wir uns sicher in einem Leben, in dem wir nicht glücklich sind, und werden geliebt oder anerkannt für etwas, was wir gar nicht sind. Dafür haben wir dann unsere Träume verkauft.

„Ich wünschte, ich hätte den Mut gehabt, mein eigenes Leben zu leben", das sagen viele Menschen am Sterbebett und zwar mit der Gewissheit, dass sie selbst dafür verantwortlich waren. Ihr Leben liegt in Ihrer Verantwortung. Als Erwachsene(r) sind Sie in der Lage, eigenständige Entscheidungen zu treffen und für sich und Ihre Bedürfnisse selbst zu sorgen. Sie sind zuständig dafür, dass es Ihnen gut geht, dass Sie glücklich und zufrieden sind und dass Sie verwirklichen, was Ihnen am Herzen liegt. Das kann Ihnen niemand abnehmen. Sie müssen niemanden um Einwilligung und Genehmigung bitten, wenn es darum geht, dem Ruf Ihres Herzens zu folgen und Ihre Träume zu leben. Die einzige Erlaubnis, die Sie brauchen, ist Ihre eigene. Und die allerwichtigste Erlaubnis, die Sie sich geben können, ist die, ganz Sie selbst zu sein.

Keine Frage, es gibt manche Situationen, in denen der Zuspruch und die Unterstützung von anderen Menschen wichtig sind und uns Sicherheit geben. Besonders dann, wenn wir uns verändern und Neues wagen wollen und dabei an unsere eigenen Grenzen stoßen. Rückendeckung muss aber nicht unbedingt von den Menschen kommen, von denen wir glauben, unterstützt werden zu müssen, obwohl die das im Moment eben gerade nicht können. Sie sind von niemandem abhängig, auch Ihr Glück nicht. Wenn Sie das glauben, haben Sie Ihre Verantwortung längst abgegeben. Das heißt nicht, dass Sie alles alleine auf die Reihe bekommen müssen. Zum Eigenverantwortlichsein gehört dazu, Hilfe zu suchen oder um Unterstützung zu bitten, wenn es nötig ist. Solange Sie sich auf keine bestimmte Person versteifen, finden Sie garantiert jemanden, der Ihnen auf die von Ihnen gewünschte Weise beisteht.

„Aber was ist mit meinen Liebsten?", wollen Sie wissen. Menschen haben Angst vor Veränderung, vor der eigenen, aber noch vielmehr davor, dass sich andere verändern. Die Menschen, die uns am nächsten stehen, tun sich daher oft am schwersten, wenn wir zu neuen Ufern aufbrechen. In der Regel fürchten sie sich davor, zurückgelassen zu werden.

Irene will beispielsweise abnehmen und mehr Bewegung machen, ihr Mann ist nicht sonderlich begeistert – er liebt nun mal Hausmannskost und die gemütlichen Kochabende mit seiner Frau. Außerdem sorgt er sich insgeheim, dass sie ihn plötzlich zu dick findet. So macht er sich lustig, wenn sie an ihrem Salat knabbert, und isst vor ihrer Nase genüsslich ihre Lieblingsschokolade. Und was macht Irene?

Oder Sabine, die sich endlich entschließt, einen Tanzkurs zu machen – alleine, weil ihr Freund leider keine Lust hat. Am dritten Abend, an dem sie ihn vor dem Fernseher zurücklassen will, beginnt er sich darüber zu beschweren, dass sie keine Zeit mehr für ihn hat. Er ist sauer. Und was macht Sabine?

Andreas will den gut bezahlten Job kündigen und sich als Coach selbständig machen. „Einen so tollen Job gibt man nicht auf. Viel zu riskant. Du bist verrückt, wenn du das tust", sagen seine Eltern und seine engsten Freunde unisono, die alle Angestellte sind und ein sehr beschauliches Leben führen. Und was macht Andreas?

Viel wichtiger als Irene, Sabine und Andreas sind natürlich Sie: Was tun Sie in Ihrem Leben?

Meine Leben. Meine Eigenverantwortung.

🌱 Lebe ich so, wie ich das gerne möchte? Treffe ich in meinen Leben die Entscheidungen über die Dinge, die mir wichtig sind? Verfolge ich meine Wünsche und Träume – auch dann, wenn Gegenwind zu spüren ist?

🌱 Wenn nicht oder nicht immer: Wo oder in welcher Hinsicht gehe ich oft Kompromisse ein? Wann und wo verzichte ich „anderen zuliebe" auf das, was mir wichtig ist? Wann und wo traue ich mich vielleicht nicht einmal zu sagen, was ich möchte und mir wichtig ist? Was gehe ich nicht an oder halte ich nicht durch, weil andere nicht mitmachen oder mich nicht unterstützen? Wen oder was glaube ich zu brauchen? Vielleicht sind Sie hier im Berufsleben anders als privat. Vielleicht gibt es Bereiche, in denen Sie „Ihres" problemlos durchziehen, und andere, in denen Sie sich leicht verunsichern und von Ihrem Weg abbringen lassen. Vielleicht gibt es bestimmte Personen, bei denen Sie oft auf „Ihres" verzichten. Hier geht es nur darum, sich darüber bewusst zu werden, wie das in Ihrem Leben so ist. Ohne Urteil!

🌱 Warum verzichte ich auf meinen Wunsch oder auf meine

Wünsche? Warum sage ich nicht, was ich möchte? Warum gehe ich Kompromisse ein? Was verspreche ich mir davon? Wovor habe ich Angst, wenn ich in dieser Angelegenheit das tun würde, was ich tun möchte? Was riskiere ich? Auf was müsste ich vielleicht verzichten, wenn ich mir selbst treu bin? Es geht hier bitte nicht darum, rücksichtslos zu sein oder gar zum Schaden anderer zu handeln. Wie heißt es schön: *Sei du selbst, tu was du willst und schade niemanden!* Wann immer Sie den Eindruck haben, dass irgendjemand anderer oder das Leben schuld daran ist, dass etwas nicht geht, schauen Sie bitte genauer hin. Entdecken Sie, was Sie genau darin hindert, eigenverantwortlich zu handeln und zu tun, was Sie tun wollen. Finden Sie heraus, was wirklich dahintersteckt: Vielleicht stellen Sie fest, dass Ihnen eine Sache gar nicht so wichtig oder der Preis dafür einfach zu hoch ist oder dass etwas anderes Priorität hat. Gut, das ist Ihre eigene Entscheidung. Stehen Sie zu Ihren persönlichen Prioritäten und übernehmen Sie die Verantwortung dafür. Lautet Ihre Antwort, dass Sie für „Ihres" nicht genug Zeit haben, dann haken Sie nach: Was hat Vorrang? Und warum? Will ich das so? Wenn nein, wie könnte ich das verändern?

Oder sagen Sie: Schon oft probiert, klappt nicht! Dann gehen Sie die Sache mit Hilfe des Wachstums-ABCs noch einmal an. Wenn Ihnen etwas wirklich am Herzen liegt, ist Aufgeben keine Option.

Last but not least, Sie stoßen auf Ängste. Das ist normal. Veränderungen sind fast immer mit irgendwelchen Ängsten verbunden. Wenn Sie Ihrer Angst ins Auge schauen und außerdem noch herausfinden, was Sie genau fürchten, dann ist das ein guter Anfang – selbst wenn sich das vielleicht noch nicht so anspürt. Wie Sie trotz Angst weitergehen, dazu kommen wir unter H wie Handeln.

Schauen Sie auf Ihre Liste mit Ihren Wünschen und Vorhaben für die nächsten zwölf Monate, die Sie unter A wie Anfang erstellt haben.

- Steht da etwas auf meiner Liste, bei dem ich glaube, andere unbedingt dazu zu brauchen? Kann ich das (im Notfall) alleine schaffen?
- Wer könnte etwas dagegen haben, mich davon abhalten oder sich querlegen? Wie könnte ich diese(n) Menschen ins Boot holen? Wenn das nicht klappt: Wo könnte ich mir sonst die nötige Unterstützung oder Rückendeckung holen?

Denken Sie daran: Wenn wir von anderen nicht unterstützt werden, ist es meist nicht Böswilligkeit, die dahintersteckt. Eher ist es so, dass andere Angst haben, zu kurz zu kommen, oder sich Sorgen machen, durch eine Veränderung Aufmerksamkeit, Liebe oder Zuneigung zu verlieren. So wie wir selbst auch.

Oft liegt es ganz einfach nur daran, dass wir nicht klar und deutlich sagen, was uns am Herzen liegt; dass wir uns nicht trauen, hinter unseren Wünschen zu stehen und sie ehrlich zu äußern.

Wenn Sie das im Hinterkopf behalten, wird es Ihnen leichter fallen, mit Gegenwind umzugehen und anders darauf zu reagieren. Denken Sie daran, dass Sie immer die Option haben, andere Menschen um Hilfe oder Unterstützung zu bitten (siehe auch U), beispielsweise eine gute Freundin oder einen Coach. Auch eine Gruppe, der Sie sich anschließen, oder Ihr Schutzengel können Ihnen Unterstützung sein.

An dem Tag, an dem du die volle Verantwortung
für dich selbst übernimmst,
der Tag, an dem du aufhörst, Entschuldigungen zu suchen,
an dem Tag beginnt dein Weg zum Ziel.

Winfried Schröter

F

WIE FOKUS

Intention: Ich behalte meine Prioritäten und das, was mir wichtig ist, jeden Tag im Auge.

Mit einem Laserstrahl können Diamanten geschnitten werden, die zu den härtesten Materialien der Erde gehören. Diese enorme Kraft entsteht durch die starke Bündelung von Licht. Wenn es um Ihre ganz persönlichen Diamanten geht, können Sie sich am Laserlicht ein Beispiel nehmen. Mit Diamanten sind hier Ihre persönlichen Prioritäten gemeint, das, was Ihnen wirklich wichtig ist.

Wir Menschen neigen eher dazu, unsere Energie zu zerstreuen, sie mal dort und mal da einzusetzen, viele Dinge gleichzeitig zu tun und uns durch alles Mögliche vom Wesentlichen ablenken zu lassen. Im Trubel des Alltags vergessen wir leicht, uns auf unsere Prioritäten zu konzentrieren und unsere schöpferische Kraft zu bündeln. So können wir wenig bewirken. Meist bleibt ausgerechnet das auf der Strecke, was uns wirklich wichtig ist und unser Leben sinnvoll und richtig lebenswert macht.

Überlegen Sie einmal, womit Sie in den letzten Wochen Ihre Zeit verbracht haben und worauf Ihre Aufmerksamkeit gerichtet war. Listen Sie alles auf, was Ihnen einfällt – Termine, Projekte, Erledigungen, Verpflichtungen, Menschen, Gedanken, Telefonate, Internet usw. Im Wesentlichen lässt sich alles, was Sie getan haben, in vier Kategorien einteilen:

- Freudvolles – das, was Ihnen selbst wichtig ist, was Sie gerne tun, Ihnen Freude macht, mit Ihren Wünschen und

Vorhaben zu tun hat oder Ihren Fähigkeiten und Talenten entspricht.
• Notwendiges – das, was zu tun ist, ob Sie wollen oder nicht. Dazu gehört z. B. schlafen, essen, sich anziehen, saubermachen, Wäsche waschen oder einkaufen …
• Unerwünschte Verpflichtungen – von anderen Menschen Gewünschtes oder Gefordertes – das, was anderen bzw. für andere wichtig ist, Sie aber nicht tun wollen.
• Unnötiges – verschwendete Zeit.

Schätzen Sie spontan, wie viel Prozent auf jeden dieser Bereiche entfallen. Wie schaut die Verteilung in Ihrem Leben aus? Das Leben vieler Menschen ist vollgepflastert mit Notwendigkeiten und unerwünschten Verpflichtungen. Im schlimmsten Fall noch dazu mit viel Unnötigem. Für Freudvolles bleibt schnell wenig oder kein Platz. Das heißt: Sie haben keine Zeit, erfüllt zu leben! Natürlich heißt das nicht, dass Sie Notwendigkeiten und Verpflichtungen aus dem Weg gehen sollen und nie wieder etwas Unnötiges tun werden. Doch wachsen können Sie nur, wenn Sie Ihre Kraft bewusst bündeln und den Hauptfokus auf Freudvolles legen (siehe auch N). Sobald Sie mehr davon in Ihren Alltag einbauen, wo immer das geht, gewinnen Sie unmittelbar Energie und Lebensfreude. Auf diese Weise haben Sie viel mehr Kraft zur Verfügung, und es wird Ihnen auch leichter fallen, das zu erledigen, was sein muss.

Ein einfaches Ritual hilft Ihnen dabei, Ihre wahren Prioritäten im Auge zu behalten und sich ab sofort täglich ganz bewusst zu entscheiden, auf was Sie sich heute fokussieren wollen.

Das tägliche Fokus-Ritual

Nehmen Sie sich – am Besten in der Früh – ein paar Minuten Zeit für Ihr persönliches Fokus-Ritual. Ziehen Sie sich an einen Ort zurück, an dem Sie nicht gestört werden. Setzen Sie sich bequem und möglichst aufrecht hin. Schließen Sie die Augen und richten Sie Ihre Aufmerksamkeit auf Ihren Atem. Atmen Sie ein paar Mal bewusst ein und aus. Stellen Sie sich dabei vor, wie Sie sich mit jedem Atemzug mit Ihrer inneren Mitte verbinden. Dann fragen Sie sich:

❧ Was ist heute für mich das Allerwichtigste?
Das kann eine Eigenschaft oder Qualität sein, die Sie an diesem Tag bewusst leben wollen, wie etwa „dankbar sein", „den Tag mit Humor nehmen", „innere Ruhe bewahren" oder „aufmerksam zuhören". Das kann eine bestimmte Person sein, der Sie bewusst Zeit oder Aufmerksamkeit schenken wollen. Oder das kann eine Aufgabe sein, die Sie erledigen möchten. Nehmen Sie sich jeden Tag eine „Sache" vor, die heute im Mittelpunkt steht.

❧ Was bringt mich heute meiner Vision ein kleines Stückchen näher?
Hier geht es um Ihre Wünsche und Ihre Vision, die Sie unter A wie Anfang kreiert haben. Denken Sie kurz daran oder bauen Sie hier gleich die zwei Minuten tägliches Träumen ein (siehe A) und fragen Sie sich, was Sie heute zur Verwirklichung Ihrer Vision beitragen können, wollen und werden. Fragen Sie nicht Ihren Verstand, fragen Sie Ihr Herz (mehr dazu unter I). Lassen Sie sich überraschen, welche Antwort aus Ihrem Innersten auftaucht. Erwarten Sie nichts Großartiges und versteifen Sie sich nicht auf einen Riesenschritt, eine Kleinigkeit genügt. Vielleicht sollen Sie so etwas „Banales" tun wie einen Spaziergang machen, eine

alte Freundin anrufen oder eine Zeitung kaufen. Gut möglich, dass Ihnen die Antwort nicht logisch zu sein scheint und Sie keinen direkten Zusammenhang erkennen können. Richten Sie sich trotzdem danach und lassen Sie sich von der Weisheit des Lebens überraschen.

❧ Was möchte ich heute tun?

Worauf habe ich Lust und was steht heute an, damit ich am Abend das Gefühl haben werde, dass das ein guter Tag war? Sehr witzig, denken Sie jetzt vielleicht. An einem normalen Arbeitstag – egal ob im Beruf oder im Haushalt – steht oft so viel am Plan, dass solche Fragen fast illusorisch klingen. Die meisten von uns haben Verpflichtungen und irgendeine Form von To-do-Liste, die in der Regel elendslang ist und statt kleinen machbaren Schritten Mammutprojekte enthält. Wir können gar nicht alles schaffen und das ist frustrierend. Außerdem steht meist nur das darauf, was wir meinen, tun zu müssen. Vor lauter Muss-Punkten vergessen wir jene Dinge, die wir wirklich tun wollen und die uns begeistern. Hier geht es also nicht darum, jeden Tag die wichtigsten Punkte auf Ihrer herkömmlichen To-do-Liste abzuhaken, sondern darum, Zeit für echte Prioritäten einzuplanen. Denken Sie an Ihre Vorhaben für die nächsten zwölf Monate (siehe A) und an Ihre Begeisterungsliste (siehe B). Das sind nicht nur die Dinge, die Sie verwirklichen wollen, sondern außerdem die Dinge, die Ihnen Kraft schenken und die Ihnen letztlich auch dabei helfen, Ihre Verpflichtungen leichter zu bewältigen. Oft geraten ausgerechnet diese „Highlights" im Trubel des Alltags in Vergessenheit. Das passiert Ihnen nicht, wenn Sie jeden Tag etwas dafür tun, selbst wenn es nur ein kleiner Schritt ist und Sie nur ganz wenig Zeit erübrigen können. Wählen Sie für jeden Tag mindestens eine Sache, die in die „Das-möchte-ich-wirklich-gerne-tun"-Kategorie fällt. So stellen

Sie sicher, dass das, was Ihnen wichtig ist, nicht immer zu kurz kommt.

Sich diese Fokus-Fragen zu stellen, dauert in der Regel nicht länger als fünf Minuten. Bündeln Sie Ihre Energie und Kraft und konzentrieren Sie sich auf das, was Ihnen heute wesentlich erscheint. Sie werden erstaunt sein, was Sie auf diese Weise bewirken können.

Wer etwas Großes will, der muss sich
zu beschränken wissen,
wer dagegen alles will, der will in der Tat nichts
und bringt es zu nichts.

Georg Wilhelm Friedrich Hegel

G

WIE GLAUBENSSÄTZE

Intention: Ich erkenne blockierende Glaubenssätze und kann sie verändern.

Gedanken werden wahr. Das ist heutzutage kein Geheimnis mehr. Wenn Sie sich Ihr Leben anschauen, dann können Sie daraus rückschließen, was in Ihrem Kopf vor sich geht. Ihr Leben ist quasi ein Spiegel Ihrer Gedanken. Was Sie denken, bestimmt, wie Sie sich fühlen, was Sie sagen und was Sie tun, und damit, was Sie erleben. So werden Ihre Gedanken zu Ihrer Realität. Obwohl das mittlerweile eine weitverbreitete Wahrheit ist, ist sie nicht immer leicht zu schlucken. Vor allem dann nicht, wenn es eben nicht so läuft, wie wir das gerne hätten, und wir beim besten Willen nicht erkennen können, was das mit uns selbst zu tun haben soll. Selbst wenn uns bewusst ist, dass unsere eigenen Gedanken tatsächlich eine enorme schöpferische Kraft haben und unser Leben bestimmen, heißt das noch lange nicht, dass wir sie unter Kontrolle haben. Um die 60.000 Gedanken geistern angeblich täglich in unserem Kopf herum. In der Regel sind es jeden Tag dieselben und viele davon sind nicht einmal unsere eigenen – schließlich sind wir von klein auf unzähligen Einflüssen ausgesetzt. Außerdem hat der Kopf nun einmal die Tendenz, sich auf Negatives, auf Hindernisse oder Probleme zu konzentrieren und aus Mücken Elefanten zu machen. Das Ganze passiert quasi im Untergrund: Optimistischen Schätzungen zufolge macht bewusstes Denken gerade einmal zwischen fünf und sieben Prozent des gesamten Denkens aus. Andere Quellen gehen von einem Verhältnis von 1:1.000.000 aus. Wie auch immer, Fakt ist: Viele Gedanken, Gefühle und daraus resultierende Emotionen laufen „unbewusst" und „unkontrolliert" ab. So merken wir oft gar nicht, wie wir unsere Realität selbst erschaffen und wie sehr unser Denken mit unserem Erleben zusammenhängt. Wer sich jetzt bemüht, immer positiv zu denken und gut drauf zu sein, läuft leicht Gefahr, Probleme, Sorgen oder negative Gefühle – die wir alle haben – unter den Tisch zu kehren und zu verdrängen. Denken Sie daran: Die Titanic ist nicht an der Spitze des Eisbergs zerschellt. Das größte Hindernis auf dem Weg zum Wunschleben sind tiefsitzende Glaubenssätze und Denkmuster, die uns in ihrer Wirkung oft gar nicht bewusst sind. Daran zerschellen viele Träume. Solche Muster gilt es aufzudecken und zu erkennen, wie Sie Ihrem wahren Wesen und Ihren Wünschen damit im Weg stehen. Das erfordert vor allem eines: Disziplin. Die Disziplin immer wieder innezuhalten, sich der eigenen Gedanken bewusst zu werden und sie zu hinterfragen. Zu diesem Thema ließe sich ein dickes Buch schreiben. Um den Rahmen des Wachstums-ABCs nicht zu sprengen, möchte ich Ihnen hier nur ein einfaches, überall anwendbares Werkzeug in die Hand geben, das Ihnen hilft, blockierende Glaubenssätze zu erkennen und ihre Wirkung zu durchschauen.

Der Glaubenssätze-Check

Hinderliche Glaubenssätze entdecken

Werfen Sie einen Blick auf Ihre Visionstafel, rufen Sie sich Ihre Wünsche, Ihre Vorhaben (siehe A) und alles, was Sie begeistert (siehe B), in Erinnerung oder denken Sie einfach an das, was Sie wirklich gern tun und erleben wollen. Dann laden Sie ganz bewusst Ihren inneren „Verhinderer" ein und bitten ihn, jetzt laut und deutlich all seine Bedenken und Zweifel auszuspucken. Schreiben Sie ungefiltert alle negativen Gedanken auf, die Ihnen im Kopf herumgeistern. Das Ganze muss keine Logik haben und Sie dürfen sich auch wiederholen. Am leichtesten geht es, wenn Sie immer wieder mit einem Satz beginnen wie „Ich wünsche mir ..., aber ..." oder „Ich will ..., aber ..." und frei von der Leber weg ergänzen, was Ihnen in den Sinn kommt. Hier ein paar Beispiele, was auf so einer Liste stehen könnte: *Ich hab nicht genug Zeit. Das kann ich mir nicht leisten. Ich hab schon so viele schlechte Erfahrungen gemacht. Das Leben schenkt mir nichts. Ich finde niemanden, mit dem ich das gemeinsam machen kann. Ich muss mich immer so anstrengen. Ich hab einfach kein Glück. Mir fehlt der Mut. Meinen Traumjob gibt es vielleicht gar nicht. Ich kann nicht kündigen ohne neuen Job in Aussicht. Ich bin zu alt. Ich hab nicht genug Talent. Ich bin nicht gut genug. Damit kann ich kein Geld verdienen. Ich finde nie einen Partner, der zu mir passt. Gute Männer sind rar. Ich muss erst abnehmen. Meine Familie nimmt mich zu sehr in Anspruch. Meine Kinder brauchen mich. Ich hab keine Zeit für mich. Mein Mann will nicht, dass ich das tue ...*

Jetzt sind Sie dran. Lesen Sie nicht weiter, bevor Sie sich Ihre hinderlichen Gedanken von der Seele geschrieben haben. Und glauben Sie mir, diese inneren Zweifel sind vollkommen normal und kein Grund zur Besorgnis. Vielleicht strotzen Sie aber auch gerade vor Selbstvertrauen und wissen, dass Sie alles erreichen und verwirklichen können, und es fällt Ihnen im Moment gar nichts ein. Auch gut. In aller Regel haben wir alle mehr oder weniger lange Phasen, in denen wir gut drauf sind und das Gefühl haben, Berge versetzen zu können. In aller Regel folgen auf solche Höhen irgendwann ein Tief, eine Zeit des Zweifels und das Gefühl, nicht vom Fleck zu kommen und kein Licht am Horizont zu sehen. Das ist ebenfalls normal. Wenn Sie sich in so einer Phase wiederfinden, erinnern Sie sich an diesen Gedanken-Check.

Von dem Medium James van Praagh stammt folgender Vergleich: „Gedanken sind wie Strahlen in der Mikrowelle. Sie sind zwar nicht sichtbar, aber trotzdem real und wirkungsvoll. Schließlich kannst du in der Mikrowelle dein Essen wärmen, obwohl du die Strahlen nicht siehst. Gedanken bringen dich und dein Leben zum Erblühen oder zum Absterben." Natürlich wirkt sich nicht jeder Gedanke, der einmal durch Ihren Kopf huscht, merklich auf Ihr Leben aus. Leider neigen aber viele Menschen dazu, sich selbst und ihre eigenen Wünsche regelmäßig zu sabotieren. Viele äußern einen Wunsch und denken oder sagen sogar noch im selben Atemzug, warum das nicht geht: „Ich wünsche mir, aber …" oder „Ich will gerne, aber …" Diese Beschränkung läuft in der Regel automatisch ab, ohne Bewusstsein darüber, wie sich das auf die eigenen Wünsche und Vorhaben auswirkt. Gedanken dieser Art ans Licht zu holen, ist ein ganz wichtiger Schritt. Ihre erste Liste können Sie jederzeit ergänzen, wenn im Lauf der Zeit verborgene Glaubenssätze an die Oberfläche kommen oder neue auftauchen (siehe auch K). Beobachten Sie, was Sie in Bezug auf Ihre Wünsche und Vorhaben denken und noch wichtiger, was Sie darüber anderen Menschen erzählen, und nehmen Sie Ihre blockierenden Gedanken unter die Lupe.

Die Power eines destruktiven Gedankens hängt davon ab, wie oft Sie diesen Gedanken denken, und vor allem, wie überzeugt Sie sind, dass dieser Gedanke wirklich wahr ist. Das wollen wir im zweiten Schritt näher untersuchen.

Den Wahrheitsgehalt überprüfen

Nehmen Sie jeden einzelnen Glaubenssatz, den Sie entdeckt haben, und fragen Sie sich:

- Ist das, was ich da denke, wirklich wahr?
- Wie sicher bin ich mir auf einer Skala von 0%–100%, dass dieser Gedanke wahr ist?

Denken Sie gar nicht lange nach, schreiben Sie die Zahl auf, die Ihnen als erstes in den Sinn kommt. Zum Beispiel: Ich hab nicht genug Zeit: 80%; das kann ich mir nicht leisten: 90%; ich hab schon so viele schlechte Erfahrungen gemacht: 70%.

Mit großer Wahrscheinlichkeit werden Sie Folgendes feststellen: Je höher die Prozentzahl – also je sicherer Sie sind, dass etwas wahr ist –, desto stärker wirkt sich dieser Gedanke auf Ihre Realität aus. Wahr wird, was Sie für wahr halten.

Nehmen wir den Satz „Ich hab nicht genug Zeit". Wenn Sie zu 80% davon überzeugt sind, dass das wahr ist, hat das damit zu tun, dass Sie das eben schon oft genauso erlebt haben. Solange Sie das allerdings weiterhin für wahr halten – und noch dazu mit dieser Gewissheit –, werden Sie weiterhin ständig die Erfahrung machen, nicht genug Zeit zu haben für Ihre Wünsche und Vorhaben. Wollen Sie das?

Egal, ob Sie ein Auto wollen, Sie sich gerne selbständig machen würden oder ob Sie gerne ein Kindermädchen hätten, mit dem Gedanken „Das kann ich mir nicht leisten" blockieren Sie Ihren Wunsch, und jedes Mal, wenn Sie diesen Satz denken oder laut aussprechen, werden Sie sich schlecht fühlen. Das heißt jetzt nicht, dass Sie sich in Schulden stürzen und ignorieren sollen, dass ein solches Vorhaben mit Ihrem Budget derzeit (noch) nicht machbar ist. Aber vielleicht ändert sich das schon bald, vielleicht kommt unerwartet Geld ins Haus oder der Wunsch erfüllt sich auf ganz andere Weise, wenn Sie lockerlassen und sich nicht so sehr darauf versteifen, dass Sie sich das nicht leisten können.

Oder nehmen wir den Glaubenssatz „Ich hab schon schlechte Erfahrungen damit gemacht". Natürlich behaupte ich nicht, dass diese Aussage nicht wahr sein kann und Sie tatsächlich schlechte Erfahrungen gemacht haben. Wenn Sie das aber mit so großer Gewissheit glauben und sich immer wieder in Erinnerung rufen, werden Sie auch in Zukunft schlechte Erfahrungen machen oder Ihren Wunsch oder Ihr Vorhaben gar nicht erst angehen – und so mit Sicherheit keine bessere Erfahrung machen. Wollen Sie das?

Sobald Ihnen bewusst wird, dass Sie sich mit einem Glaubenssatz selbst blockieren, tritt schon eine Veränderung ein. Das heißt nicht, dass der Gedanke oder der Glaubenssatz sofort verschwindet und sich Ihr Wunsch augenblicklich erfüllt, doch Sie erkennen die Macht Ihres eigenen Denkens. Sie können die Wirkung hinderlicher Gedanken unmittelbar spüren, denn Sie werden merken, dass Sie sich schlecht fühlen, wenn Sie so denken. Gefühle sind wie eine Alarmanlage, und ein praktischer Tipp für den Alltag lautet: Sobald Sie bemerken, dass unangenehme Gefühle auftauchen, sich Ihre Stimmung merklich verschlechtert oder Ihre Energie spürbar abfällt, halten Sie inne und prüfen Sie Ihre Gedanken. Hinterfragen Sie immer wieder, ob das wirklich wahr ist, was Sie da denken oder ob es nicht auch ganz anders sein könnte (siehe auch O).

Negative Glaubenssätze und Denkmuster lösen sich aus meiner Erfahrung am schnellsten auf, wenn wir sie in Zweifel ziehen und aufhören, sie für die einzige Wahrheit zu halten. Dann verlieren sie ihren Sinn und ihre Macht über uns. Schauen Sie sich gleich die Liste mit Ihren Prozentwerten noch einmal in Ruhe an und stellen Sie sich die Frage: Bin ich wirklich so sicher, dass wahr ist, was ich da denke? Könnte es nicht auch eine andere Wahrheit geben?

Was könnte ich stattdessen denken?

Sollten Sie Lust bekommen, die Macht Ihrer Gedanken sinnvoller einzusetzen, gehen Sie noch einen Schritt weiter und finden Sie produktivere Gedanken. Natürlich können Sie ganz einfach hergehen und, zumindest am Papier, Ihre hinderlichen Glaubensätze durch bessere Gedanken ersetzen. Dazu müssen Sie nur aufschreiben, was Sie stattdessen gerne glauben möchten. Also zum Bespiel: *Ich kann es mir leisten. Ich habe genug Geld. Ich habe genug Zeit ...*

Bei mir funktioniert die Umwandlung hinderlicher Glaubenssätze besser, wenn ich das nicht logisch mit meinem

Wissen angehe, sondern mir bei meinem inneren Mentor Rat und Unterstützung hole. Auf diese Weise finden sich Sichtweisen und Lösungen, die ich in mir trage, die mir aber oft nicht bewusst sind. Die meisten Menschen kennen ihren inneren Verhinderer (oft auch „Schweinehund" oder „Teufelchen" genannt). Mit dem inneren Mentor sind die meisten schon weit weniger vertraut. Das ist der Teil in Ihnen, der uneingeschränkt an Sie glaubt, Ihr Potenzial sieht und weiß, was Sie aus Ihrem Leben machen können, der Sie ermutigt, unterstützt und Ihnen den Rücken stärkt.

Sagen Sie jetzt nicht, dass es diesen Teil in Ihnen nicht gibt. Es gibt ihn mit Sicherheit. Möglicherweise ist er nur tief verschüttet und schon sehr lange nicht mehr zu Wort gekommen.

Sollten Sie keinen Zugang zu Ihrem inneren Mentor finden, gibt es einen ganz einfachen Trick: Stellen Sie sich Ihren ganz persönlichen Mentor vor. Nehmen Sie die Person, die Ihnen als erstes in den Sinn kommt – das kann eine bekannte Persönlichkeit sein, ein Familienangehöriger, eine Vertrauensperson, Ihr Schutzengel, ein Meister oder ganz jemand anderer. Wenn Sie wollen, können Sie sich auch ein Team von imaginären Förderern zusammenstellen oder für bestimmte Wünsche spezielle Unterstützer anfordern. Ein imaginärer Mentor hilft Ihnen, Ihren inneren Mentor wiederzufinden und unsichere Zeiten, die mit jeder Veränderung einhergehen, zu überstehen.

Während der innere Verhinderer Gründe findet, warum etwas nicht geht, zeigt Ihnen Ihr Mentor Möglichkeiten, Wege oder Alternativen auf. Doch wie kommen Sie zu den Antworten Ihres Mentors? Die einfachste Variante besteht darin, mit Ihrem Mentor ein innerliches Gespräch zu führen. Stellen Sie am besten einen leeren Stuhl vor sich. Laden Sie gedanklich Ihren persönlichen Mentor ein, auf diesem Stuhl Platz zu nehmen. Nehmen Sie Ihre Liste mit hinderlichen Glaubenssätzen und erzählen Sie Ihrem Mentor von Ihren Bedenken – so wie Sie das mit einer realen Person tun würden. Gehen Sie dabei

Ihre negativen Überzeugungen einzeln durch. Also z. B.: Ich glaube, dass ich nicht genug Zeit habe, um XY zu tun. Was glaubst du? Was würdest du mir raten? Welcher Gedanke kann mir helfen?

Stellen Sie Ihre Fragen und seien Sie offen dafür, Antworten zu erhalten. Vielleicht können Sie die Antwort förmlich hören oder Sie bekommen einen besseren Glaubenssatz geschenkt, vielleicht sehen Sie ein Lösungsbild oder Sie fühlen einfach, was jetzt richtig ist. Notieren Sie alle Antworten, die auftauchen. Anschließend tauschen Sie die Rollen. Setzen Sie sich auf den Platz Ihres Mentors und schauen Sie aus seinen Augen auf sich selbst und Ihren hinderlichen Glaubenssatz. Notieren Sie wiederum Ihre Eindrücke.

Auf diese Weise sammeln Sie für jeden blockierenden Gedanken Alternativen. Spüren Sie, welche Varianten Ihnen ein besseres Gefühl oder zumindest ein Gefühl der Erleichterung geben. Manche Varianten könnten Sie auch (zum jetzigen Zeitpunkt) als zu positiv, zu unwahrscheinlich oder nicht glaubwürdig empfinden. Das macht nichts. Wählen Sie aus den gefundenen Alternativen das aus, was Sie stattdessen denken möchten und ab jetzt denken werden. Schreiben Sie die wichtigsten Gedanken auf. Am besten auf ein schönes Papier mit der Überschrift „Meine Wünsche und Vorhaben verwirklichen sich, weil …". Dieses Blatt Papier hängen Sie an Ihren Kühlschrank, über Ihren Schreibtisch oder an einen Spiegel oder bewahren es sonst irgendwo sichtbar auf, um immer wieder daran erinnert zu werden.

Alles, was wir sind, ist ein Resultat dessen,
was wir gedacht haben.
Buddha

WIE HANDELN

Intention: Ich tue, was ich tun kann.

Hokuspokus, Simsalabim und ein Traum wird wahr! Wünsch es dir und es geschieht! Das wird oft versprochen und das mag sogar manchmal klappen. Was dabei allerdings viel öfter passiert, ist, dass Menschen auf das große Wunder warten und dabei vergessen, ihren eigenen Beitrag zu leisten. Wünschen allein reicht nicht.

Ja, wir dürfen wirklich vieles dem Leben überlassen, wenn wir gleichzeitig selbst aktiv werden und tun, was wir tun können. Konsequent kleine Schritte gehen. Unter D wie Dankbarkeit haben wir schon gesagt: Wünsche zu verwirklichen ist ein Prozess.

Veränderung geschieht Tag für Tag, Augenblick für Augenblick, Schritt für Schritt. Viele kleine Aktionen führen in Summe zu einem großen Durchbruch. Denken Sie an einen Steinmetz, der 99 Mal auf einen Stein einschlägt, ohne dadurch zu erreichen, was er will. Doch beim hundertsten Mal bricht der Stein auseinander. Es hat nicht deswegen geklappt, weil der letzte Schlag der einzig richtige war, sondern weil der Steinmetz oft genug gehämmert hat. Und wenn er eine wunderschöne Statue in den Stein meißeln will, dann muss er diese Prozedur ziemlich oft wiederholen, um das erwünschte Ergebnis zu erzielen.

„Eigentlich weiß ich, was zu tun wäre, aber ich tue es nicht." Kennen Sie das? Viele Menschen stoßen auf eine scheinbar unüberwindliche innere Blockade, wenn es darum geht, aktiv zu werden und zu tun, was zu tun ist. Bleiben wir noch ein wenig beim Bild vom Steinmetz, um uns sechs Gründe anzuschauen, warum wir oft, selbst wider besseres Wissen, nicht handeln oder nicht lange genug an einer Sache dranbleiben und welche Gegenmittel es dazu gibt.

Handeln und Hindernisse

Nicht wichtig genug

Vermutlich würden Sie nicht hundertmal auf einen Stein einschlagen. Wozu auch? Wenn es Ihnen nicht aus irgendeinem Grund wichtig ist oder Spaß macht, etwas in Stein zu meißeln, werden Sie sich nicht die Mühe machen, das Ganze anzugehen. Dasselbe gilt für Ihre Wünsche und Vorhaben. Nicht umsonst haben Sie sich unter A wie Anfang damit auseinandergesetzt, was Sie wirklich wollen. Ich gehe also davon aus, dass Sie grundsätzlich motiviert sind und Ihre Visionen nicht daran scheitern, dass Sie gar keine Lust darauf haben oder Sie Ihre Kraft lieber für etwas anderes einsetzen. Doch Wünsche und Prioritäten können sich im Laufe der Zeit verändern. Wenn wir uns das nicht eingestehen oder uns eine Kursänderung nicht erlauben, dann versuchen wir, „alte" Ideen zu verfolgen, die gar keinen Wert mehr für uns haben, und das meist mit wenig Elan und noch weniger Erfolg. Gerade bei Wünschen kommt es oft vor, dass wir irgendwelchen Idealvorstellungen oder den Ideen anderer Menschen hinterherlaufen. Manchmal sind die echten Herzenswünsche so tief vergraben, dass es eine Weile dauert, bis sie wieder ans Licht kommen.

Wenn Sie nicht weiterkommen, sich beim Versuch, Ihre Wünsche zu verwirklichen, nicht gut fühlen oder ständig das Gefühl haben, Energie zu verlieren, nehmen Sie Ihre Wünsche genau unter die Lupe. Fragen Sie sich:

❧ Was will ich wirklich?
Geben Sie sich nicht mit der erstbesten Antwort zufrieden.
Nehmen wir an, Sie sagen „ein volles Bankkonto", dann
bleiben Sie dran und fragen Sie sich: Warum will ich das?
Wonach sehne ich mich? Welches Gefühl wünsche ich mir?
Und dann fragen Sie noch einmal: Was will ich wirklich?
Manchmal macht es Sinn, diese Übung ein paar Runden zu
wiederholen, um auf Ihre wahre Sehnsucht zu stoßen, und
meist eröffnen sich damit ganz neue Perspektiven, wie sich
Ihr Wunsch erfüllen kann – es muss nicht mehr unbedingt
das volle Bankkonto sein. (Mehr dazu unter K und Q.) An
dieser Stelle noch ein Hinweis, wie Sie Herzenswünsche erkennen: Herzenswünsche tauchen in der Regel immer wieder auf und wenn wir ihnen nachgehen, gewinnen wir an
Energie, Motivation und Lebensfreude.

Das wird nie was

Zurück zum Steinmetz: Viele Menschen würden nicht auf den
Stein einschlagen, weil der so groß und fest wirkt, dass das
ganze Unterfangen total sinnlos zu sein scheint. Das heißt,
viele fangen mit ihren Vorhaben gar nicht erst an oder geben bald wieder auf, weil sie sich nicht vorstellen können,
wie jemals das Ergebnis zustande kommen soll, das sie sich
wünschen. Die Krux an der Sache: Das müssen wir gar nicht
wissen. Es reicht völlig, sich auf den nächsten Schritt zu
konzentrieren – auf das, was wir hier und jetzt tun können.
Natürlich können wir Pläne machen, was wir wann und wie
tun werden, und diese Pläne können auch weit in die Zukunft
reichen, aber handeln können wir nur Schritt für Schritt und
nur jetzt. Beschäftigen wir uns in Gedanken ständig mit dem
übernächsten, dem überübernächsten oder gar mit dem letzten Schritt, entsteht das Gefühl, dass das nicht geht; und darüber vergessen wir das anzugehen, was in diesem Augenblick
möglich ist.

Nebenbei bemerkt, was sehr oft mit ausgefeilten Plänen passiert, sobald wir anfangen zu handeln: Wir hauen sie wieder über den Haufen. Erst durch das Handeln erkennen wir, was geht und was eben nicht geht. Mit jedem Schritt lernen und wachsen wir. Und wenn wir handeln, offenbart uns das Leben Stück für Stück den besten Weg.

Wenn Sie mit Ihren Wünschen in der „Das wird nie was"-, „Ich schaffe das nie"- oder „Wie soll das gehen"-Falle stecken, dann denken Sie daran: Sie müssen nur einen Schritt machen – einen Schritt nach dem anderen. Fragen Sie sich:

🌱 Was ist der nächste Schritt?

🌱 Was kann ich heute tun? Was ist jetzt für mich möglich? Welchen Baby-Schritt kann ich machen?

Oder Sie ergänzen spontan den Satz:

🌱 Wenn ich wüsste, was jetzt der richtige Schritt ist, den ich setzen kann, dann wäre das …

Und dann tun Sie, was immer Sie jetzt tun können.

Angst vor Veränderung

Kommen wir zum wahrscheinlich häufigsten Hindernis: Angst. Bewusste und viel öfter unbewusste Ängste halten viele Menschen davon ab, ins Handeln zu gehen. Sie würden zwar wirklich gerne, trauen sich aber nicht, die nötigen Schritte zu setzen und etwas für ihre Wünsche zu tun.

Angst ist ein wichtiges Alarmsignal. Wir brauchen sie zum Überleben. Angst hält uns beispielsweise davon ab, im Stockdunkeln allein in einer gefährlichen Gegend herumzuschlendern, mitten auf der Autobahn spazieren zu gehen oder aus dem Fenster zu springen. Auf diese Art von Angst zu hören und lebensbedrohliche Dinge zu unterlassen, macht Sinn. Angst taucht allerdings auch immer dann auf, wenn wir wachsen und etwas Neues wagen wollen. Sobald wir unsere Komfortzone verlassen und nicht mehr nur das tun, was wir schon immer getan haben, haben wir mehr oder weniger großen Bammel. Diese Art von Angst ist ein sicheres Zeichen für eine wichtige Veränderung. Wo diese Angst ist, da geht es lang. Sie ist unser Wegweiser. Leider verstehen wir diesen Hinweis oft vollkommen falsch, und eine natürliche Reaktion darauf ist, die Sache lieber sein zu lassen und auf der sicheren Seite zu bleiben. Wir machen die Angst zu einem Grund, nicht zu handeln. Das Paradoxe daran: Wenn wir aus Angst nicht handeln, bleiben wir in der Angst stecken.

„Tue, wovor du Angst hast, und der Tod deiner Angst ist sicher", sagt der Motivationstrainer und Autor Brian Tracy. Angst verschwindet erst im Handeln. Erst mit jedem Schritt, den wir gehen, nimmt sie ab, und manchmal dauert es eine ganze Weile, bis wir uns wieder sicher fühlen. Höchstwahrscheinlich kennen Sie aber auch das gute Gefühl, das sich einstellt, wenn Sie trotz Unbehagen aktiv werden und etwas schaffen. Sie gewinnen daraus Kraft und Energie und noch besser, Sie gewinnen Selbstvertrauen und Mut.

Wenn Sie also merken, dass Angst Sie daran hindert, etwas zu tun, und Ihnen Ihr Hausverstand sagt, dass es nicht daran liegt, dass Sie dabei sind, sich in Lebensgefahr zu bringen, dann gehen Sie trotz Angst los und machen Sie, wie sonst auch, einen Schritt nach dem anderen. Erledigen Sie beispielsweise den unangenehmen Anruf, auch wenn Ihr Herz dabei klopft. Schicken Sie das Bewerbungsschreiben weg, auch wenn Sie Angst haben vor einer Absage. Melden Sie sich zu dem Kurs an, den Sie schon lange machen wollen, auch wenn Sie fürchten, zu alt oder zu dumm dafür zu sein.

Wo die Angst ist, da geht es lang. Dieses Motto gilt genauso für lebensverändernde Entscheidungen. Wenn es beispielsweise darum geht, einen Job zu kündigen, sich selbständig zu machen, eine Beziehung zu beenden, wieder einen Beruf aufzunehmen, ins Ausland zu gehen oder nochmal die Schulbank zu drücken. Wenn Sie intuitiv (dazu unter I gleich mehr) wissen, dass Sie diesen Schritt setzen müssen oder sonst unglücklich bleiben, dann lassen Sie sich von Ihrer Angst nicht von Ihrem Weg abhalten. Dem Weg des Herzens zu folgen und Ihr höchstes Potenzial zu entwickeln, erfordert Ihre Bereitschaft, Unsicherheit auszuhalten, trotz Angst weiterzugehen und einen Schritt ins Ungewisse zu machen, zu dem Ihre Seele Sie ruft.

Finden Sie heraus, wo Angst Sie zurückhält:

- Wo hindert mich Angst daran, zu handeln und zu tun, was ich tun will?
- Wenn mich meine Angst nicht hindern würde, was würde ich am liebsten tun? Was wäre der erste Schritt in diese Richtung?
- Wie kann ich mit meiner Angst einen Pakt schließen?

Kämpfen Sie nicht gegen Ihre Angst an. Sie ist nicht Ihr Feind, sondern möchte Sie in Sicherheit wissen. Ein bisschen wie eine Mutter, die sich sorgt, dass Sie nicht warm genug angezogen sind, um draußen zu spielen, oder dass Sie von Fremden Süßigkeiten nehmen könnten. Laden Sie Ihre Angst ein, um sie kennenzulernen und zu verstehen. Fragen Sie Ihre Angst, was sie von Ihnen will und was sie braucht, damit Sie sich mit ihr gemeinsam auf den Weg machen können. Nicht selten hat die Angst tatsächlich einen guten Tipp und sie kann sogar zu einer Freundin werden (siehe auch M).

Fehler und unangenehme Folgen vermeiden wollen

Denken Sie noch einmal an einen Steinmetz. Stellen Sie sich vor, er hätte bei jedem Schlag die Sorge, einen Fehler zu machen oder einmal daneben zu schlagen. Das wäre lähmend und mit Sicherheit nicht förderlich für seine Arbeit.

Viele Menschen zerbrechen sich dauernd den Kopf darüber, was alles schiefgehen könnte oder was vielleicht früher schon einmal schiefgegangen ist. Sie denken in erster Linie an mögliche Nachteile, beschäftigen sich mit Worst-Case-Szenarien oder warten auf eine Garantie, dass alles gut laufen wird. So bleibt's oft beim Träumen vom schönen Leben.

Ein kluger Mensch hat einmal gesagt: „Wer handelt, macht mit Gewissheit den ein oder anderen Fehler, doch den größten Fehler macht der, der nicht handelt." Es ist nicht notwendig, dass jeder Schritt, den Sie machen, perfekt ist, und Sie dürfen ruhig auch mal daneben treten. Nicht selten sind es gerade Ihre „Fehler", aus denen Sie wichtige Erkenntnisse gewinnen und am meisten lernen können. Besonders Perfektionisten tun sich hier sehr schwer. Wenn Sie merken, dass die Ansprüche, die Sie an sich selbst stellen, so hoch sind, dass Sie sich selbst damit lähmen und nicht mehr tun, was Sie tun wollen, dann ist es höchste Zeit, die Latte ein klein wenig tiefer zu legen. Eines ist sicher: Perfekt werden Sie nie sein, kein Mensch ist das. Zur Wahl stehen also nur die Alternativen: unperfekt und ein erfülltes Leben oder unperfekt und kein erfülltes Leben. Das zu tun, was eben jetzt möglich ist, und Ihr Bestes zu geben, das genügt völlig. Natürlich ist das keine Garantie dafür, dass immer alles gut geht und reibungslos verläuft. Sie können sich vielmehr darauf gefasst machen, dass der Weg nicht immer rosig sein wird. Manchmal werden Sie vor Hürden stehen, Rückschläge einstecken oder Prüfungen bestehen müssen. Das ist das Leben. Soweit ich weiß, bürdet es uns allerdings nichts auf, was wir nicht meistern können. Vielmehr hilft Ihnen das Leben mit all seinen Herausforderungen, Ihr Potenzial zu entwickeln und in Ihre Wünsche hineinzuwachsen.

Wenn Sie dazu neigen, sich um die Zukunft zu sorgen oder gleich den Teufel an die Wand zu malen, dann denken Sie daran: Die wenigsten Befürchtungen bewahrheiten sich. Und wenn doch, keinesfalls in so dramatischem Ausmaß wie befürchtet. Was auch immer in der Zukunft passiert, entsprechend handeln können Sie erst, wenn die Situation tatsächlich eingetreten ist. Statt sich Sorgen zu machen, was irgendwann vielleicht passieren könnte, tun Sie, was Sie jetzt tun können, und sorgen Sie dafür, dass es Ihnen jetzt gut geht. Denn was Sie jetzt denken, fühlen und tun, gestaltet Ihre Zukunft. Wenn Sie sich selbst mit Zukunftssorgen blockieren, dann fragen Sie sich:

- Wie hoch ist die Wahrscheinlichkeit, dass mein Handeln negative Konsequenzen hat? Was könnte im schlimmsten Fall passieren? Wie könnte ich damit umgehen? Was könnte mir helfen?
- Gibt es etwas, was ich jetzt tun kann, um vorzusorgen? Was könnte ich in diesem Moment unternehmen, damit sich die Zukunft (die Situation) positiv entwickelt?

Noch nicht bereit sein

„Ich bin noch nicht bereit dazu, auf den Stein einzuschlagen. Ich hab nicht das richtige Werkzeug. Ich brauch erst die Meisterprüfung im Steineschlagen. Ich muss erst noch ein Buch darüber lesen und mit anderen Steinmetzen reden, wie ich die Sache am besten angehen könnte." So oder ähnlich klingt es, wenn wir meinen, noch nicht bereit zu sein für das, was wir tun wollen.

Natürlich ist es manchmal notwendig und sinnvoll, sich vorzubereiten, Wissen zu sammeln, einen Kurs zu besuchen oder Informationen einzuholen. Viele bleiben allerdings genau da hängen. Sie haben ständig das Gefühl, noch nicht bereit zu sein, noch nicht genug zu wissen oder noch nicht gut genug zu sein. Ich spreche aus Erfahrung, denn ein paar meiner Seminare habe ich nur besucht, weil ich ständig das Gefühl hatte, noch nicht genug zu können, um meine Berufung zu leben. Was ich allerdings irgendwann erkennen durfte: Solange wir uns nur mit der Theorie beschäftigen, ohne zu handeln und praktische Erfahrungen zu sammeln, werden wir in einer Sache weder sicherer noch besser – oder eben nur in der Theorie, aber nicht in der Praxis.

Nicht umsonst ist „Learning by doing" oder auf Deutsch „Lernen durch Handeln" eine weitverbreitete Lernmethode. Dass Sie dabei Fehler machen werden, haben wir schon besprochen. Dass Sie aus diesen Fehlern lernen können, wissen Sie auch.

Wenn Sie meinen, Sie könnten eine Sache nicht angehen, weil Ihnen noch etwas fehlt, dann fragen Sie sich:

🌿 Könnte ich das, was ich tun möchte, hier und jetzt tun bzw. damit anfangen? Oder fehlt mir wirklich noch etwas?

Wenn Sie zum Beispiel malen wollen, dann brauchen Sie nicht unbedingt die teure Staffelei, die Sie sich im Moment nicht leisten können. Um mit dem Malen anzufangen, reichen in der Regel Papier und Malwerkzeug. Die perfekte Staffelei können Sie immer noch kaufen. Oder wenn Sie gerne für Ihre Freunde kochen, müssen Sie nicht erst zehn Kochbücher lesen und beim Meisterkoch lernen, bevor Sie die Sache angehen können. Und wenn Sie abnehmen wollen, müssen Sie nicht erst zig Diätprogramme studieren.

🌿 Wenn etwas fehlt: Was genau fehlt mir? Was meine ich zu brauchen, um tun zu können, was ich tun will?

Ist es zum Beispiel: Wissen, Know-How, Übung, Zeit oder Erfahrung? Müssen Sie einen Kurs machen oder Utensilien kaufen? Oder fehlt Ihnen einfach nur der Mut, die Sache anzugehen (siehe M)?

🌿 Wie komme ich zu dem, was mir fehlt? Wo und wann kann ich beginnen? Was ist der erste Schritt, um diese Lücke zu schließen und das Fehlende zu sammeln?

Ungeduld und fehlendes Durchhaltevermögen

Last but not least ein weitverbreitetes Übel: mangelnde Ausdauer. Wenn ein Steinmetz nur ein paar Mal auf den massiven Stein klopft, wird daraus keine wundervolle Statue entstehen.

Viele Menschen gehen ihre Vorhaben euphorisch an. Doch wenn nicht bald ein Erfolg zu sehen ist oder ein paar Versuche scheitern, geben sie auf und begraben ihre Wünsche. Meine Oma pflegte zu sagen: „Aufgeben tut man nur einen Brief." An diesen Spruch denke ich gerne, wenn ich am liebsten das Handtuch werfen würde. Wohl jedem Menschen fehlt manchmal die Lust, jeder ist manchmal frustriert und jeder hat manchmal mit ernsten Zweifeln zu kämpfen. Selbst bei den Dingen, die wir wirklich gerne tun oder uns ein echtes Anliegen sind, haben wir Durchhänger (siehe auch Y). Der entscheidende Unterschied ist, dass jene Menschen, die am Ende Erfolg haben, sich von schwierigen Zeiten nicht unterkriegen lassen und sich stetig bemühen. Sie bleiben dran, auch wenn es schwerfällt. Sie bemühen sich nicht einmal, nicht zweimal oder dreimal. Sie bemühen sich solange, bis sich der Erfolg einstellt.

Wir wissen alle, dass das Leben sonderbar ist mit seinen Drehungen und Wendungen. Schon der nächste Schritt könnte ein Durchbruch sein. Selbst wenn eine Situation noch so weit weg oder so schwierig zu sein scheint, könnte die Lösung in Wahrheit um die Ecke warten. Wenn nicht, müssen Sie eben noch ein Stück weitergehen.

Versteifen Sie sich dabei nicht auf ein bestimmtes Ergebnis, das Sie sehen wollen, um ein Gefühl von Erfolg zu haben. Jedes Bemühen, jede Anstrengung, die Sie unternehmen, hat einen Effekt und bringt ein Ergebnis. Wenn Sie damit noch nicht zufrieden sind, lernen Sie daraus. Dieses Feedback hilft Ihnen, zu wachsen und anhand von Erfahrungen zu besseren Herangehensweisen und Lösungen zu finden.

Wenn Sie dazu neigen, ungeduldig zu sein, schnell aufzugeben oder nichts zu Ende zu bringen, dann fragen Sie sich:

- Was möchte ich gerne zu Ende bringen? In welcher Angelegenheit ist es mir wichtig, durchzuhalten?
- Was hat mir früher geholfen bzw. was könnte mir in Zukunft helfen, durchzuhalten? Was motiviert mich?

Finden Sie heraus, was Ihnen hilft, Ihr Durchhaltevermögen zu stärken. Das ist wahrscheinlich nicht in jeder Lebenslage und nicht in jedem Bereich dasselbe. Sagen wir, Sie wollen abnehmen und dafür ins Fitnesscenter gehen. Vielleicht gehen Sie mit einer Freundin gemeinsam, mit der Sie fixe Verabredungen treffen, vielleicht schließen Sie eine Wette ab, vielleicht kleben Sie sich ein Foto, das Sie motiviert, an den Kühlschrank oder Sie versprechen sich als Belohnung das teure Kleid, wenn Sie drei Monate konsequent waren. Vielleicht haben Sie auch ein Sprichwort oder ein Zitat, das Ihnen hilft, durchzuhalten.

🌱 Wer könnte mir bei der Umsetzung meiner Absichten helfen? Wer könnte mich unterstützen?

Das Thema hatten wir schon einmal unter E wie Eigenverantwortung. Holen Sie sich Unterstützung. Oft reicht schon ein kleiner Schubs und Sie kommen von selbst wieder weiter. Um beim Fitnesscenter-Beispiel zu bleiben, könnte das eine Stunde mit einem Personal Trainer sein. Manche Menschen brauchen jemanden, der Ihnen einen Tritt in den Hintern gibt, wenn sie einen Durchhänger haben oder aufgeben wollen. Manche brauchen eher jemand, der ihnen Mut macht. Welche Art Unterstützung tut Ihnen gut?

🌱 Was hab ich davon, wenn ich durchhalte?

Denken Sie an das, was möglich wird, wenn Sie konsequent sind. Was wird noch heute Abend, in einem Jahr, in fünf Jahren anders sein, wenn Sie ab sofort handeln statt zu träumen? Was können Sie gewinnen?

Mit Sicherheit gibt es noch mehr Gründe, warum wir nicht handeln, obwohl handeln angesagt ist. Wie heißt es so schön: „Wer will, findet Wege, wer nicht will, findet Gründe." Das Notwendige zu tun, bleibt niemandem erspart. Manchmal sind Känguru-Sprünge möglich, manchmal geht es nur ganz langsam und manchmal sind es zwei Schritte vor und einer zurück. Das klingt vielleicht mühsam. Doch es ist Ihre Seele,

die wachsen und sich entwickeln will – lebenslang und höchstwahrscheinlich sogar darüber hinaus. Je mehr Sie im Einklang
mit Ihrer Seele handeln, umso leichter und müheloser wird es.
Ihre innere Führung weist Ihnen den Weg.

Niemand beging einen größeren Fehler als jener,
der nichts tat, weil er nur wenig tun konnte.

Edmund Burke

I

WIE INNERE FÜHRUNG

Intention: Ich vertraue und folge meiner inneren Führung.

Am liebsten hätte ich das ABC umgeschrieben und das I vor das A gestellt: das IABC. Aber einfach so das ABC umzustellen, habe ich dann doch nicht gewagt. Das ändert nichts an meiner Überzeugung, dass jeder Mensch unendlich weise ist. Natürlich sind nicht alle im herkömmlichen Sinn hochintelligent und mit einem messerscharfen Verstand ausgestattet, doch sind wir ausnahmslos alle gesegnet mit einer inneren Weisheit. Welche Pläne Sie auch immer für die nächste Zeit haben, in welche Richtung auch immer Sie wachsen wollen, der weise Teil in Ihnen – Ihr inneres Wesen, Ihr Höheres Selbst oder Ihre Seele – lotst Sie auf Ihrem Weg. Dieser Teil, welchen Namen Sie dafür auch immer verwenden wollen, hilft Ihnen, die besten Entscheidungen zu treffen und Ihre Absichten und Herzenswünsche wahr werden zu lassen.

Wenn Sie gar keine Probleme haben, Ihre innere Führung zu hören und ihr zu folgen, dann können Sie dieses Kapitel getrost überspringen. Sie wissen ohnehin, dass Sie auf dem richtigen Weg sind und dass Sie in jedem Augenblick sicher, beschützt und geführt sind. Die meisten von uns lernen allerdings, so „kopflastig" zu sein oder sich so sehr am Außen zu orientieren, dass sie den Zugang zu ihrer inneren Führung verlieren beziehungsweise sich oft schwer tun, sie zu hören und auf sie zu vertrauen. Falls Ihnen das bekannt vorkommt, dann gibt es eine Entscheidung, die Sie jetzt treffen können, die Ihr Leben tatsächlich für immer verändern wird: die Entscheidung, nach innen zu gehen und den Kontakt zur inneren Führung zu stärken. Ohne innere Führung fehlt Ihnen nämlich der notwendige Rückhalt – die Quelle, die Ihnen Vertrauen und Sicherheit schenkt und Ihnen zeigt, wie Sie Ihrem einzigartigen Wesen entsprechend leben; die Quelle, die immer da und jederzeit verfügbar ist.

Sie wissen bereits, dass Sie sich auf Ihrem Weg Hilfe im Außen holen können, beispielsweise in Form von Büchern, bei einem Guru, Coach oder Lehrer oder bei Menschen, denen Sie vertrauen. Wenn sich allerdings das, was von außen kommt, für Sie nicht stimmig anspürt und Sie nicht dabei unterstützt, eigene Entscheidungen zu treffen, Ihren Weg (wieder) zu finden und selbst gehen zu können, dann sind Sie auf der falschen Fährte. Machen Sie sich von niemandem abhängig, sondern lernen Sie, sich selbst zu vertrauen. Hier finden Sie vier Anhaltspunkte, wie Sie den Kontakt zu Ihrer inneren Führung verbessern können:

Vier Anhaltspunkte

Innen nach Antworten suchen

Wenn ich auf Recherche bin, dann gehe ich in der Regel als erstes ins Internet, weil ich weiß, dass ich dort mit hoher Wahrscheinlichkeit die Informationen finde, die ich brauche. Wenn es um Fragen geht, die mich und mein Leben betreffen, ist meine erste Anlaufstelle mein Inneres. Ich weiß, dass ich hier die richtigen Antworten finde.

- Wohin wenden Sie sich, wenn es um Sie selbst geht?
- Wo ist Ihre erste Anlaufstelle?
- Wissen oder glauben Sie, dass in Ihnen eine Quelle zu finden ist, die Ihnen zu jeder Zeit die Antworten gibt, die Sie brauchen, und Ihnen den Weg weist?

Wer nicht glaubt, über eine innere Weisheit zu verfügen, wird woanders suchen und die wichtigste Quelle außer Acht lassen. Wir sind geistige Wesen, die einen irdischen Körper als Instrument nutzen, um in der Welt der Materie Erfahrungen zu machen. Der physische Körper, der den Gesetzmäßigkeiten des irdischen Lebens unterliegt, ist demnach nur ein Ausdruck unserer Seele, die unendlich weise und verbunden ist mit Allem-Was-Ist. Wenn wir uns dem Gedanken öffnen, dass wir weit mehr sind als das, was wir von uns selbst sehen können, und weit mehr wissen, als wir denken, dann finden wir Zugang zur unendlichen Weisheit unserer Seele (oder unseres Höheren Selbst) und ihrer liebevollen Führung.

Das ist Ihnen zu spirituell? Sie können das Ganze auch so betrachten: Ihr bewusster Verstand weiß vieles nicht, doch zum Glück verfügen Sie über ein Wissen, das im Unbewussten schlummert. Sie verfügen über eine Intuition, ein Bauchgefühl. Wenn ein Teil von Ihnen keine Antwort hat, dann gibt es noch eine Instanz höheren oder tieferen Wissens in Ihnen. Um dieses Wissen anzuzapfen, müssen Sie zunächst einmal daran denken, dass dieses Wissen in Ihnen vorhanden ist. Gewöhnen Sie sich an, zuerst nach innen zu gehen und dort nach Antworten zu suchen bzw. Meinungen und Rat von anderen Menschen an Ihrer eigenen Wahrheit zu prüfen. Lassen Sie nicht zu, dass die Meinungen und Stimmen von anderen Menschen Ihre innere Weisheit übertönen oder gar zum Verstummen bringen. Machen Sie Ihre innere Führung zur ersten Anlaufstelle, zur wichtigsten Quelle und höchsten Autorität in all Ihren Entscheidungen.

Die innere Führung wahrnehmen

Sie haben mit Sicherheit schon erlebt, dass Sie aus heiterem Himmel etwas wussten, ohne erklären zu können, woher das Wissen kommt. Die innere Führung meldet sich manchmal ganz von allein, ohne eigenes Zutun. Zum Beispiel als Impuls, als plötzliche Eingebung, als untrügliches Gefühl, als inneres Bild oder als innere Stimme, die wir hören. Manchmal geht es um so banale Dinge wie „Bieg hier rechts ab, dort ist ein Parkplatz" oder „Dein Haustürschlüssel liegt hinter dem Schuhschrank". Manchmal geht es um so Bedeutsames wie „Das ist die richtige Wohnung für dich" oder „Es ist Zeit für eine Trennung". Scheinbar völlig ungebeten kommt eine Botschaft aus dem Unbewussten.

Erinnern Sie sich an Situationen, in denen sich Ihre Intuition gemeldet hat, Sie plötzlich Dinge wussten, ohne zu wissen, woher Sie inspiriert waren, oder sich eine Vorahnung bestätigt hat?

Solche Einsichten müssen wir nicht dem „Zufall" überlassen. Wir dürfen die innere Führung jederzeit selbst kontaktieren und um Antworten bitten. „Wie geht das?", will der Verstand wissen und am liebsten hätte er eine genaue Anleitung, was er zu tun hat. Das Problem dabei ist, dass das innere Wissen jenseits des bewussten Verstandes zu finden ist. Es ist ständig da, doch der Verstand steht dem Ganzen mit seinen Überlegungen, Einwänden und Zweifeln im Weg – so wie Wolken der Sonne.

Stellen Sie sich ein Glas mit schmutzigem Wasser vor. Solange das Wasser im Glas in Unruhe ist, bleibt das Wasser trüb. Doch hält man das Glas über eine Weile still, setzt sich der Schmutz am Boden ab und das Wasser ist klar. Genauso muss der Kopf innerlich zur Ruhe kommen, um die innere Führung wahrnehmen zu können. Eine regelmäßige Meditationspraxis ist dafür in jedem Fall sehr hilfreich, aber nicht unbedingt notwendig. Was Sie tun müssen, ist fragen, innerlich still werden und zuhören.

Nehmen wir einmal an, ich habe eine wichtige Frage auf dem Herzen oder brauche einen Rat und weiß, dass Sie mir da weiterhelfen können und Sie mein höchstes Wohl im Sinn haben. Was würde ich tun? Zunächst einmal würde ich Sie um Ihre Hilfe bitten. Wenn möglich, würde ich Ihnen mein Anliegen nicht in der proppenvollen U-Bahn, in der heiteren Kaffeehausrunde oder irgendwo zwischen Tür und Angel vortragen, obwohl Sie mir natürlich auch da antworten könnten. Doch lieber würde ich mir Zeit nehmen und einen Ort suchen, wo wir uns in Ruhe unterhalten können und wo ich sicher sein kann, dass uns das Geschwätz von anderen nicht stört. Ich würde Ihnen meine Frage(n) stellen – möglichst so formuliert, dass Sie genau wissen, was ich wissen möchte, und dann wäre ich still. Ich würde von „senden" auf „empfangen" umschalten und zuhören, was Sie mir zu sagen haben. Ich würde also nicht meinen eigenen Gedanken nachhängen, nicht jedes Wort von Ihnen im Kopf zerpflücken oder mir schon, während Sie noch sprechen, überlegen, was ich damit anfangen soll. Stattdessen wäre ich innerlich ruhig und würde Raum schaffen, damit Ihre Antwort Platz hat und ich wirklich wahrnehmen kann, was Sie mir sagen wollen. Sollte ich etwas nicht verstehen, würde ich einfach nachfragen. Sollte mein Kopf Einwände oder Bedenken haben, würde ich sie offen äußern und um Ihre Sichtweise bitten. Sollten Sie nicht sofort antworten, dann würde ich Sie nicht drängen oder gleich nachbohren. Ich würde darauf vertrauen, dass Sie mich zur richtigen Zeit alles wissen lassen, was ich wissen muss. Vielleicht dauert es ein bisschen, weil Sie noch überlegen, auf welche Weise oder auf welchem Weg Sie mir Ihre Antwort am besten zukommen lassen, damit ich sie verstehe. Jedenfalls bin ich geistig empfangsbereit, offen und neugierig auf das, was von Ihnen kommt.

Genauso funktioniert es zwischen Ihnen und Ihrer inneren Führung: Bitten Sie bewusst um Hilfe und Rat. Sorgen Sie zunächst für äußere Ruhe (siehe auch S). Machen Sie es sich an einem stillen Örtchen bequem und nehmen Sie ein paar tiefe und gleichmäßige Atemzüge. Lassen Sie Ihren Verstand eine Frage stellen und werden Sie dann still und lauschen Sie nach innen. Sie können sich vorstellen, dass Sie Ihr Herz befragen und die Antwort aus Ihrem Herzen kommt. Vielen Menschen hilft es, das Höhere Selbst, die innere Weisheit oder die Intuition zu personalisieren und auf diese Weise einen inneren Dialog zu führen. Sie sprechen mit Ihrem „inneren Guru". Keine Sorge, Sie werden deswegen nicht verrückt. Im Gegenteil, wir führen alle ständig innere Dialoge, nur sind die in den meisten Fällen nicht sehr förderlich. Hier sprechen Sie mit einem Teil, der Ihrem höchsten Wohl und dem höchsten Wohl aller Menschen dient. Sie kommunizieren mit Ihrem allerbesten Freund, wichtigsten Mentor und weisesten Ratgeber. Wenn Sie sich den Kontakt zu diesem Teil wünschen und um Hilfe bitten, bekommen Sie Unterstützung – garantiert. Sie kommt oft als innere Stimme, aber genauso oft in Form von Bildern, einem Symbol oder als Gefühl. Sie kommt nicht immer sofort. Sie kommt vielleicht in einem Traum, als unerwarteter Geistesblitz oder in den Worten von anderen Menschen. Seien Sie offen und neugierig und sammeln Sie Ihre eigenen Erfahrungen. So wie Sie einzigartig sind, ist Ihre innere Führung einzigartig. Und wie das so ist in einer Beziehung, je mehr Sie die Verbindung pflegen und wertschätzen, desto besser wird sie.

Der inneren Führung vertrauen und folgen

Kommen wir zu dem Punkt, der den meisten Menschen am schwersten fällt:

- Wie oft hatten Sie schon eine innere Ahnung und sind ihr nicht (gleich) gefolgt?
- Wie oft haben Sie sich schon im Nachhinein gedacht: „Hätte ich nur auf meinen Bauch/meine innere Stimme/meine Intuition gehört?"
- Wie oft hatten Sie schon Probleme damit, zu unterscheiden, was der Verstand und was die innere Stimme sagt, und wussten nicht, welchen Antworten Sie vertrauen können?

❧ Wie oft haben Sie innerlich längst eine Entscheidung getroffen, aber lange gebraucht, um sie sich und anderen einzugestehen und umzusetzen?

Die innere Führung wahrzunehmen ist eine Sache, ihr zu vertrauen und ihr zu folgen eine andere. Hier funkt der Kopf gerne dazwischen. Er beginnt in Windeseile, die Botschaft zu analysieren, in Frage zu stellen oder massiv zu bezweifeln, mögliche Konsequenzen zu prüfen oder Pro und Kontra abzuwägen. Und schon wird es schwierig. Die innere Stimme sagt zum Beispiel: Melde dich für das zweiwöchige Seminar an. Der Kopf sagt: Ja, aber ich hab doch nicht genug Geld und kann mir nicht so lange Urlaub nehmen. Ich würde ja gerne, aber meiner Familie ist das sicher nicht recht. Und überhaupt weiß ich doch gar nicht, ob das wirklich das Richtige für mich ist … Oder die innere Stimme sagt: Such ein versöhnendes Gespräch mit deinem Mann und entschuldige dich bei ihm. Der Kopf sagt: Ja, aber ich bin im Recht, ich hab doch nichts falsch gemacht. Er ist dran, sich zu entschuldigen. Ich kann nicht immer nachgeben. Er wird sich sonst nie ändern … Oder die innere Stimme sagt: Dein Beruf entspricht nicht deinen wahren Talenten. Wenn du deine Fähigkeiten nutzen willst, geh einen anderen Weg. Der Kopf sagt: Ja, aber ich weiß nicht, was ich sonst arbeiten sollte. Ich hab doch gar keine besonderen Talente. Außerdem verdiene ich gutes Geld und mein Job ist sicher. Und mit dem, was ich wirklich gerne tue, kann man kein Geld verdienen …

Dem Kopf fallen in aller Regel viele Einwände ein. Selbst wenn ein innerer Impuls anfangs vollkommen klar und eindeutig war, können wir ihn so lange analysieren und zerdenken, bis wir nicht mehr wissen, was richtig ist, oder wir so durcheinander geraten, dass wir nicht mehr unterscheiden können, was der Kopf sagt und was das Herz. Selbst wenn wir ganz genau wissen, dass das, was die innere Führung uns rät, wahr ist, fällt es oft schwer, ihr zu folgen. Unter H wie Handeln haben wir schon gesagt: Der Kopf will alles verstehen, er will Sicherheit und Garantien. Auf alles Unbekannte, Unvorhersehbare und Neue reagiert er hingegen mit Angst. So kann sich das, was die innere Führung sagt, zwar einerseits gut, stimmig und richtig anfühlen, gleichzeitig aber – sobald sich der Kopf einmischt – mit einem mehr oder weniger mulmigem Gefühl einhergehen. Je mehr der Kopf dem widerspricht, was die Seele weiß, desto schlechter fühlen wir uns.

Unsere Seele will Wachstum und Entwicklung. Dem Ruf des Herzens zu folgen, heißt nicht selten, Entscheidungen zu treffen, die der Verstand überhaupt nicht nachvollziehen kann oder die sogar völlig unlogisch zu sein scheinen. Der Weg der Seele ist für den Kopf nicht berechenbar. Die innere Führung kann uns nur im Hier und Jetzt lotsen. Ihr zu folgen bedeutet, mit dem Moment zu fließen und von Augenblick zu Augenblick zu leben. Schritt für Schritt zu gehen. Ich vergleiche das gerne mit einem Spaziergang im dichten Nebel, bei dem wir uns nur am nächsten Wegpfosten orientieren können. Den Rest des Weges sehen wir nicht, geschweige denn, dass wir das Ziel klar erkennen können. Das macht dem Kopf Angst, und Sie erinnern sich (siehe H): Da, wo die Angst ist, geht es lang! Wohl gemerkt heißt das nicht, hirnrissig und unvernünftig zu sein, sondern die Angst zu erkennen und dann mutig auf dem Weg voranzuschreiten, bis sich der „Nebel" wieder lichtet. Vieles verstehen wir erst im Rückblick und oft erkennen wir erst im Nachhinein, wie genial unsere innere Führung funktioniert und wie sich alles perfekt zusammenfügt.

Aber Achtung: Während Ängste und Zweifel oft dazu führen, dass wir unserer inneren Führung nicht vertrauen, führen Wunschdenken und unsere eigenen Projektionen dazu, dass wir dem falschen Ratgeber folgen. In dem Fall nehmen wir nicht wahr, was wirklich von innen kommt, sondern das, was nach unseren Vorstellungen und Überzeugungen wahr sein soll. Ein klassisches Beispiel wäre ein neuer Partner, von dem wir glauben, ihn intuitiv als den/die Richtige(n) erkannt zu haben. Und schon sind wir blind für die Wirklichkeit und ignorieren die leise innere Stimme. Oder eine tolle Geschäftsidee, auf die wir uns euphorisch einlassen, weil wir schon so lange darauf gewartet haben und denken, dass es das jetzt einfach sein muss trotz komischem Gefühl im Magen. In solchen Fällen gehen wir unseren eigenen Wünschen und Projektionen auf den Leim, statt unserer inneren Führung Gehör und Vertrauen zu schenken.

Vorsicht ist also geboten, wenn Sie etwas unbedingt haben wollen, wenn Sie sich eingestehen müssen, dass Sie eigentlich gar nicht wissen möchten, was wirklich Sache ist, oder wenn Sie sich zwar im Kopf immer wieder sagen, wie großartig etwas ist, aber das ruhige, stimmige und gute Gefühl im Herzen fehlt. Dann ist die Wahrscheinlichkeit groß, dass Sie dem falschen Ratgeber folgen und etwas ganz Wesentliches übersehen. Das Gute ist, dass Sie aus solchen Fehlern lernen und mit jeder Erfahrung weiser werden können. Wenn Sie sich ein paar Mal verlaufen haben und Ihre innere Führung verkannt oder ignoriert haben, wissen Sie, wie sich das anspürt und welche Konsequenzen das hat. Umgekehrt wird jedes Mal, wenn Sie der Weisheit Ihres Herzens folgen, die Verbindung stärker und klarer. Mit jedem Mal können Sie besser erkennen, wie die innere Führung mit Ihnen kommuniziert, woran Sie sie erkennen und welche Wunder sich ereignen können, wenn Sie ihr vertrauen und folgen. Mit zunehmender Erfahrung wird die Verbindung zu Ihrer inneren Weisheit immer stärker, und die Fähigkeit wächst, zwischen Herz und Kopf zu unterscheiden. Mehr noch: Beide können immer besser zusammenarbeiten.

⚘ Welche Erfahrungen haben Sie schon mit Ihrer inneren Führung gemacht? Wie meldet sie sich? Woran erkennen Sie sie?

Vielleicht ist es eher eine innere Stimme oder ein bestimmtes Gefühl, oder sie spricht in Form von Träumen zu Ihnen oder meldet sich auf andere Weise.

❧ Was hilft Ihnen, Ihre innere Führung zu kontaktieren und zu verstehen? Woran erkennen Sie den Unterschied zwischen der Stimme des Herzens und der Stimme des Verstandes?

Wenn es Ihnen schwerfällt, diese zu unterscheiden, fragen Sie Ihr Herz oder Ihr Höheres Selbst und bitten Sie um einen Hinweis, wie Sie in Zukunft Ihre innere Führung besser wahrnehmen können.

❧ Erinnern Sie sich an Situationen, in denen Sie Ihrer inneren Führung gefolgt sind? In denen Sie wussten, dass Sie irgendetwas tun „müssen", weil es „richtig" ist und Sie diesem Wissen vertraut haben? Welche Erfahrung haben Sie damit gemacht?

Übung macht den Meister

Falls Sie Ihre innere Führung nur zur Rate ziehen, wenn es eine schwerwiegende Entscheidung zu treffen gibt, dürfen Sie sich nicht wundern, dass das schwierig wird. Erstens ist Ihre Verbindung zu Ihrer inneren Weisheit ohne Übung nicht gefestigt und das Vertrauen fehlt, zweitens will der Kopf bei wichtigen Angelegenheiten unbedingt die Kontrolle haben und drittens ist die Versuchung besonders groß, andere Menschen um ihre Meinung zu fragen. Somit ist das Chaos vorprogrammiert.

Deshalb ist es hilfreich, Ihre innere Führung regelmäßig zu kontaktieren. Am besten jeden Tag und bei alltäglichen Dingen, bei denen es nicht gleich um „Leben und Tod" geht. Lassen Sie sich beispielsweise von Ihrem Innersten beim Kauf von Lebensmitteln, Kleidung oder Möbeln, bei der Suche nach einem Parkplatz oder bei der Wahl eines Buchs oder Kinofilms leiten. Mit ein bisschen Übung lernen Sie, Ihre Führung immer und überall zu hören, selbst im größten Trubel.

Laden Sie Ihre innere Führung zu Ihrem täglichen Fokus-Ritual (F) ein und lauschen Sie auf die Antwort, die aus Ihrem Innersten kommt. Wenn Sie einen Gedankencheck (G) machen, können Sie Ihre innere Führung um Rat fragen. Alle Fragen, die Sie unter H wie Handeln finden, können Sie Ihrem Herzen stellen und so klare Antworten und Ihren ganz persönlichen Lösungsweg finden. Last but not least, denken Sie in Ihren Dankbarkeitsminuten (D) daran, Ihrer inneren Führung zu danken.

Das wahre Wissen kommt immer aus dem Herzen.

Leonardo da Vinci

J

WIE JA

Intention: Ich sage „Ja" zu mir selbst und bin bereit anzunehmen, was ist.

Ja! Mit diesen zwei Buchstaben stehen viele Menschen bewusst oder unbewusst auf Kriegsfuß. Sie leisten Widerstand gegen das, was ist, und kämpfen gegen das an, was sie nicht wollen – sei es an sich selbst, an anderen Menschen oder an Situationen. Ein inneres „Ja" zu uns selbst und zum Leben ist aber unerlässlich, wenn wir unsere Wünsche und Absichten verwirklichen und selbst wachsen wollen. Das ist nicht so einfach, wie es klingt. Unter G wie Glaubenssätze haben Sie sich schon einmal mit Ihrem inneren Verhinderer auseinandergesetzt. Machen wir zur Veranschaulichung einen Ausflug in Ihren Kopf. Stellen Sie sich vor, dort sitzt eine Prüfungskommission aus kleinen grünen Männchen, die alle von außen kommenden Sinnesreize und all Ihre Erfahrung beurteilt: gut – schlecht – neutral – angenehm – unangenehm – unbekannt – bekannt – in Ordnung – bedrohlich – anstreben – vermeiden – usw. Alle Informationen werden mit Gefühlsregungen wie etwa Freude, Angst, Lust oder Schmerz verknüpft. Jedes Urteil wird sorgfältig archiviert, um bei Bedarf darauf zurückzugreifen, damit nicht jeder Fall von Neuem bewertet werden muss. Ihre wichtigste Richtlinie lautet: Schmerz vermeiden, Freude anstreben. Wobei Schmerz abzuwehren wichtiger ist, als Freude zu erleben.

Wurden Sie zum Beispiel einmal von einem großen schwarzen Hund gebissen, sorgen die grünen Männchen dafür, dass

Sie um große schwarze Hunde einen weiten Bogen machen. Sagen wir außerdem, der Hundebesitzer trug eine Jeans, eine Lederjacke und hatte dunkle Haare, dann reicht meist schon dieses Erscheinungsbild eines Mannes, damit Sie eine innere Abwehr spüren. Die alte Situation und alles, was damals dazugehörte, trägt quasi den Stempel „schmerzhaft", und Sie reagieren dementsprechend, unabhängig davon, wie lieb und nett der Hund bzw. der Mann sein mag, der Ihnen jetzt über den Weg läuft.

Natürlich sitzen keine grünen Männchen in Ihrem Kopf und die Arbeitsweise Ihres Gehirns ist wesentlich komplexer. Sie mögen mir diese laienhafte Darstellung verzeihen, doch ist dieses simple Bild für den Alltag recht tauglich. Wenn es darum geht, unsere Wünsche und Vorhaben zu verwirklichen, müssen wir uns mit diesen inneren Kräften auseinandersetzen und lernen, bewusst damit umzugehen. Nehmen wir einmal an, Sie haben als Kind zielstrebig Ihre Wünsche verfolgt – wie Kinder das üblicherweise tun – und damit ein paar Mal negative Erfahrungen gemacht – was leider sehr oft passiert. Was, denken Sie, werden Ihre grünen Männchen dazu sagen, wenn Sie sich jetzt daran machen, Ihre Träume zu verwirklichen?

Vielleicht wollen Sie eine glückliche Beziehung, doch Ihre Eltern haben sich scheiden lassen, als Sie klein waren, und Ihre bisherigen Beziehungen sind nicht gerade rosig verlaufen. Vielleicht wollen Sie Ihre kreative Seite ausleben und malen, haben aber irgendwann einmal gehört, dass Sie kein Talent dazu haben. Vielleicht wollen Sie sportlicher sein, waren aber im Turnunterricht immer eine Niete. In all diesen Fällen sagt Ihre innere Prüfungskommission mit großer Wahrscheinlichkeit still und heimlich „Nein" zu Ihren Wünschen. Sie spüren das als inneren Widerstand oder bemerken, dass Sie trotz Wunsch und guter Vorsätze nicht aktiv werden, nicht lange durchhalten oder keinen Erfolg haben. Oder es meldet sich eine innere Stimme, die so etwas sagt wie „Lass das lieber", „Du kannst das nicht", „Das wird eh nie was", „Warum solltest ausgerechnet du das schaffen?" Manchmal reicht eine einschneidende negative Erfahrung, um eine Sache nie wieder anzugehen.

Paradoxerweise meinen es die grünen Männchen wirklich gut mit Ihnen. Sie wollen Ihnen Angst, Schmerz und Leid ersparen und versuchen daher, alles, was unangenehm, bedrohlich oder unsicher sein könnte, abzuwehren. Allerdings denken sie dabei sehr kurzfristig und übersehen, dass wir manchmal „Schmerz" aushalten müssen, um langfristig Freude und Erfolg zu erfahren. Bleiben wir bei den Beispielen von oben: Wenn Sie eine glückliche Beziehung wollen, müssen Sie sich mit Ihren wunden Punkten auseinandersetzen und immer wieder Tiefen überstehen. Wenn Sie nicht nur im stillen Kämmerchen malen wollen, müssen Sie höchstwahrscheinlich früher oder später weitere Kritik einstecken. Wenn Sie endlich fit werden wollen, werden Sie voraussichtlich einige Stunden mit rotem Kopf und schmerzhaften Muskeln hinnehmen müssen und anfangs wieder mit dem Gefühl, eine sportliche Niete zu sein, konfrontiert sein. Na und?

Was in Wahrheit nicht einmal halb so schlimm und mit Sicherheit zu überleben ist, dem gehen wir dank unbewusstem Vermeidungsverhalten tunlichst aus dem Weg. Wir sagen so automatisch innerlich „Nein" zu ganz vielen Dingen im Leben – sei es zu Situationen, zu bestimmten Umständen, zu Menschen, zu den eigenen Gefühlen oder zu uns selbst, und mit einem inneren „Nein" kommen wir nicht weiter. Widerstand ist wie ein Klebstoff und ein Garant dafür, dass die Dinge bestenfalls so bleiben, wie sie sind, oder immer schlechter werden. Wachstum und Veränderung braucht Ihr „Ja". Statt Widerstand zu leisten, nehmen Sie alles an, wie es ist und machen das Beste daraus. Was heißt das konkret?

„Ja" sagen

Ja zu sich selbst

- ✿ Wie oft denken Sie, dass Sie anders sein sollten, als Sie sind?
- ✿ Wie oft wären Sie gerne so wie andere oder wie irgendjemand anderer?
- ✿ Wie oft denken Sie, dass Sie nicht gut genug oder nicht richtig sind, wie Sie sind?

Nichts ist schmerzhafter als die Idee, nicht vollkommen in Ordnung, richtig und wertvoll zu sein, so wie Sie sind. Wenn Sie zu sich selbst „Nein" sagen, lähmen Sie sich und berauben sich Ihrer eigenen Kraft. Das ist leider eine Volkskrankheit, nur werden die verheerenden Folgen oft unterschätzt und die Medizin dagegen gibt es nicht auf Rezept in der Apotheke.

Wahrscheinlich kennen Sie die Geschichten von Asterix und Obelix und Sie erinnern sich daran, dass Obelix als Kind in den Zaubertrank gefallen ist und seither übermenschliche Kräfte hat. Asterix muss hingegen immer wieder einen Zaubertrank trinken, den ihm der Druide Miraculix mixt. Was hat das mit Ihnen zu tun? Es gibt Menschen, die strotzen vor Selbstsicherheit – sie sind sich ihrer selbst sicher, kennen ihre eigenen Stärken genauso wie ihre Schwächen und stehen uneingeschränkt zu sich. Diese Menschen sind quasi in den Zaubertrank gefallen und haben eine unglaubliche Kraft. Falls Sie nicht zu diesen Menschen gehören, möchte ich Ihnen gerne einen Zaubertrank mit auf den Weg geben, den Sie sich jedes Mal verschreiben, wenn Sie Selbstzweifel plagen oder Sie „Nein" zu sich selbst sagen. Sie brauchen von heute an nur noch an den „Zaubertrank" zu denken und jede Ihrer Zellen erinnert sich sofort an die Wahrheit und Sie spüren mit jeder Faser Ihres Körpers:

- Ich bin richtig und wertvoll genau so, wie ich bin.
- Ich bin ein einzigartiges Wesen. Auf der ganzen Welt gibt es niemanden, der so ist wie ich.

- Wie jeder Mensch bin ich ausgestattet mit ganz besonderen Stärken, Talenten und Fähigkeiten.
- Wie jeder Mensch habe ich Schwächen und Schattenseiten, die sich zeigen, um geheilt zu werden.
- Alles an mir hat seine Berechtigung. Nichts an mir ist falsch. Ich bin vollkommen okay.
- Ich darf sein, wie ich bin. Und das ist gut so.

Die Wahrheit dieser Worte zu erkennen, ist bereits unendlich heilsam. In dem Moment, in dem Sie (wieder) „Ja" zu sich selbst sagen, können Sie entdecken, was tatsächlich in Ihnen steckt. Wenn Sie den Mut haben, auch Ihre Schattenseiten wahrzunehmen und anzunehmen, können Sie wirklich wachsen und Kräfte wieder gewinnen, die oft lange verborgen waren. Ein Ja zu sich selbst umfasst ein Ja zu Ihrer Größe, zu Ihren Herzenswünschen, zu Ihren Gefühlen und zu Ihrer Vergangenheit.

Ja zu Ihrer Größe

- Neigen Sie dazu, sich klein zu machen? Stellen Sie Ihr Licht gerne unter den Scheffel? Oder tanzen Sie lieber in der zweiten Reihe?
- Haben Sie das Gefühl, dass viel mehr in Ihnen steckt, als Sie leben?
- Fühlen Sie sich oft machtlos oder als Opfer der Umstände? Oder machen Sie sich und Ihr Leben abhängig von der Zustimmung und Unterstützung anderer?

Viele Menschen haben Angst vor ihrer eigenen Größe, vor ihrer Kraft und Macht. Manche behaupten, es liegt daran, dass wir in vergangenen Leben alle irgendwann einmal unsere Macht missbraucht oder unsere Fähigkeiten uns Kopf und Kragen kostet haben. Vielleicht liegt es daran, dass die Idee, machtvoll zu sein, negativ besetzt ist. Vielleicht liegt es aber auch ganz banal daran, dass „schwach" und „klein" zu sein ganz schön bequem ist. Ja zur eigenen Größe zu sagen, heißt schließlich, die volle Verantwortung für sich selbst und sein Leben zu übernehmen. Sich nicht länger als Opfer zu sehen oder das eigene Handeln nicht von anderen Menschen und deren Zustimmung abhängig zu machen (siehe auch E). Wer seine eigenen Kräfte und seinen natürlichen Lebensausdruck ständig unterdrückt, wird im Lauf der Zeit tatsächlich müde und schwach. Es versteht sich von selbst, dass es auf diese Weise nicht möglich ist, sein wahres Potenzial zu leben. In jedem Menschen steckt ein göttlicher Kern, der zum Ausdruck kommen will, und unsere innere Führung zeigt uns, wie das geht. Es geht hier also nicht um ein aufgeblasenes Ego, sondern um das Bewusstsein, wer Sie wirklich sind, und um das, was in Ihnen angelegt ist.

Ja zu Ihren Herzenswünschen

Viele Menschen begraben ihre Sehnsüchte im Laufe ihres Lebens und erlauben sich nicht, dem Ruf ihres Herzens nachzugehen. Sei es, weil es nicht möglich scheint, sei es, weil es als egoistisch verschrien ist, sei es, weil sie es lieber anderen recht machen, um geliebt und anerkannt zu werden, oder sei es, weil sie einfach schon zu oft enttäuscht wurden. Die grünen Männchen sagen „Nein". Wer sich allerdings nicht erlaubt, seine wahren Träume zu verwirklichen, verpasst seinen Lebenszweck. Sie würden doch auch nicht Samen in die Erde streuen und dann eine finstere Decke darauflegen, so dass die Blumen nicht wachsen können. Sie sind auf der Welt, um aufzublühen und sich zu entwickeln.

⚘ Erlauben Sie sich, Ihre Wünsche zu leben und zu tun, was Sie tun wollen?

Höchstwahrscheinlich ist schon ein wenig Zeit vergangen, seit Sie Ihre persönliche Wunschliste erstellt haben. Werfen Sie ruhig noch einmal einen Blick auf Ihre Liste. Haben Sie sich wirklich erlaubt, Ihre Herzenswünsche aufzuschreiben? Falls nicht, holen Sie das bitte nach. Und: Stehen Sie zu Ihren Wünschen und tun Sie bereits mehr von dem, was Sie tun wollen?

- ☘ Handeln Sie entsprechend Ihrer Vorhaben und Prioritäten?
- ☘ Sagen Sie „Ja" zu Ihrer inneren Führung und „Nein" zu den Dingen, die sich nicht gut und richtig für Sie anfühlen?

Wahrscheinlich wird Ihnen das manchmal besser und manchmal schlechter gelingen.

Wer ein bisschen feinfühlig und sensibel ist, spürt ziemlich genau, was andere Menschen sich wünschen, und kommt leicht in das Dilemma, die Erwartungen anderer erfüllen zu wollen. Doch dort wo ein Ja zu anderen ein Nein zu uns selbst wird, blockieren wir unsere Lebensenergie und verlieren unsere Kraft. Üben Sie sich darin, „Ja" zu sagen zu den Dingen, die Ihnen wirklich am Herzen liegen, und „Ja" zu sagen zu den Dingen, die Ihnen Freude bereiten und mehr Energie geben. Wenn Sie sich das erlauben, finden Sie die Kraft, „Nein" zu sagen, wenn Sie „Nein" meinen, und „Nein" zu sagen zu allem, was Sie nicht unterstützt. Das funktioniert allerdings nur, wenn Sie Ihre Gefühle zulassen.

Ja zu Ihren Gefühlen

- ☘ Welche Gefühle erleben Sie häufig?
  Schreiben Sie spontan auf, welche Gefühle Ihnen da als erstes in den Sinn kommen. Welchen Zustand haben Sie in letzter Zeit oft erlebt?
- ☘ Gibt es Gefühle, die Sie nicht mögen und vermeiden wollen? Gefühle, die Sie ganz schnell wieder loswerden wollen?
- ☘ Wie viel Glücksgefühl halten Sie aus? Antworten Sie spontan auf einer Skala von 0–100%.
  Die Frage klingt in Ihren Ohren vielleicht absurd. Lassen Sie sich von Ihrer eigenen Antwort überraschen und

wundern Sie sich nicht, falls das vielleicht sogar weit unter 100% ist.

Gefühle kommen und gehen, wenn sie nicht unterdrückt, verleugnet oder dramatisiert werden. In aller Regel haben aber die grünen Männchen in ihrem Archiv abgespeichert, dass manche Gefühle schmerzhaft sind. Nehmen wir an, wir haben in unserer Kindheit die Erfahrung gemacht, dass „Lieben" schmerzhaft ist, oder wir wurden immer wieder zusammengestaucht, wenn wir gerade „richtig glücklich" oder „vollauf begeistert" waren, oder „wütend sein" wurde bestraft, oder wir wurden als Heulsuse verspottet, wenn wir „traurig" waren. Haben wir so etwas oft genug erlebt, führt das dazu, dass wir diese Gefühle nicht mehr zulassen. Tauchen jetzt Situationen auf, die diese „verbotenen" Gefühle aktivieren oder auch nur aktivieren könnten, gehen wir in den Vermeidungsmodus. Wir versperren uns beispielsweise vor der Liebe und stoßen Menschen zurück, mit denen wir dieses Gefühl erleben könnten, vermeiden es, richtig glücklich zu sein, sind immer lieb und nett, statt einmal ordentlich auf den Tisch zu hauen, wenn unsere Grenzen überschritten werden, oder schreien wütend herum, obwohl wir in Wahrheit unendlich traurig sind.

Wie die Beispiele zeigen, lernen wir unter Umständen nicht nur negative, sondern auch positive Gefühle zu vermeiden, wenn sie mit genügend negativen Erfahrungen oder Folgen verbunden waren. Damit kommen wir in ein echtes Dilemma. Wir erleben entweder ein ständiges Auf und Ab – kaum wird das Leben „zu gut", sorgen wir unbewusst dafür, dass es wieder „schlechter" wird – oder wir fühlen kaum mehr etwas und stumpfen ab.

Wenn Sie wachsen wollen, braucht es ein uneingeschränktes Ja zu Ihren Gefühlen und die Bereitschaft, alle Gefühle zuzulassen. Werden mich meine Gefühle nicht übermannen? Kann ich diese Gefühle aushalten? Werde ich andere Menschen mit meinen Gefühlen nicht verletzen? Verliere ich dann nicht die Kontrolle? Diese Fragen tauchen möglicherweise bei Ihnen auf. Ich möchte Sie ermutigen, das Risiko einzugehen und selbst herauszufinden, was passiert. Mit Sicherheit wird es nicht immer reibungslos und schmerzfrei ablaufen. Höchstwahrscheinlich werden im Lauf der Zeit alter Schmerz, altes Leid und alte Trauer hochkommen. Das gehört zum Heilungsprozess, und wenn Sie das Gefühl haben, dass Ihnen das allein zu viel wird, holen Sie sich professionelle Hilfe.

Denken Sie daran, was auch immer Sie blockieren oder vermeiden, schlummert in Ihrem Unterbewusstsein, dort haben Sie noch viel weniger Kontrolle darüber, und dieser Zustand ist noch viel schmerzhafter, ob Ihnen das bewusst ist oder nicht. Der Preis, den Sie bezahlen, ist Ihre Lebendigkeit. Fühlen heißt nicht nur, lebendig zu sein, sondern auch, den Draht zu sich selbst zu spüren – zu wissen, was gut und richtig für Sie ist und wo es lang geht. Ergänzen wir den Zaubertrank also mit folgendem Wissen:

- Jedes Ihrer Gefühle ist in Ordnung.
- Jedes Gefühl hat seine Berechtigung.
- Jedes Gefühl hat eine Funktion – sei es, Sie zu warnen, zu schützen, zu motivieren, zu bremsen, zu lotsen.
- Jedes, wirklich jedes Gefühl geht wieder vorbei.

Ja zu Ihrer Vergangenheit

- Welche Erinnerungen oder Erfahrungen aus der Vergangenheit bereiten Ihnen noch heute Schmerzen oder stehen Ihnen gefühlsmäßig im Weg?
- Die Frage ist, ob Sie beispielsweise mit Ihren Eltern im Unfrieden sind, ob Sie mit einem einschneidenden Erlebnis hadern, ob Sie etwas bereuen, das Sie getan oder nicht getan haben. Was aus Ihrer Vergangenheit fällt Ihnen schwer anzunehmen und loszulassen?
- Von 0 bis 100% Prozent: Wie viel Kraft hätten Sie zur Ver-

fügung, wenn Sie dieses Ereignis annehmen und damit loslassen könnten?

Um „Ja" zu sich selbst sagen zu können, müssen Sie „Ja" zu Ihrer Vergangenheit sagen. Das heißt nicht, dass Sie Ihre Vergangenheit von vorne bis hinten aufrollen, analysieren und bearbeiten müssen. Sie müssen „nur" Frieden mit ihr schließen und sie so akzeptieren, wie sie nun einmal war. Selbst oder vielmehr ganz besonders die Aspekte, die leidvoll waren und die Sie am liebsten ungeschehen machen würden. Die Vergangenheit zu ändern ist nicht möglich, das wissen wir alle. Doch ist vielen nicht bewusst, wie viel Lebensenergie ein „Nein" zu früheren Erfahrungen kostet und wie viel Leid dadurch im Hier und Jetzt entsteht. Sie versperren sich selbst vor den Möglichkeit der Gegenwart. Alles, was passiert ist, hat Sie zu dem Menschen gemacht, der Sie heute sind, und das ist gut so. Es hat Sie darauf vorbereitet, Ihren Weg zu gehen. Jetzt.

Ja zum Leben

Mit dem umfassenden Ja zu sich selbst geht ein Ja zum Leben Hand in Hand. Wahrscheinlich kennen Sie das „Gelassenheitsgebet": Ich wünsche mir die Gelassenheit, anzunehmen, was ich nicht ändern kann, den Mut, zu ändern, was zu ändern ist, und die Weisheit, das eine vom anderen zu unterscheiden. Das ist in der Praxis gar nicht so leicht umzusetzen. Die grünen Männchen sagen nun einmal nur ja zu den freudigen Seiten des Lebens, die unangenehmen Seiten wollen sie tunlichst vermeiden. Das ist menschlich. Doch bedeutet das ständige Vermeiden, in Angst zu leben und Angst vor dem Leben zu haben. Bekanntlich ist das Leben nicht immer rosig: Nichts in der Welt ist perfekt, nichts Schönes und Angenehmes währt ewig. Alles hat zwei Seiten. Andere Menschen verhalten sich nicht immer so, wie wir das wollen. Die Umstände sind nicht immer so, wie wir uns das vorstellen. Daran können wir nichts ändern. Die Wirklichkeit ist nun einmal so, wie sie ist, egal ob wir damit einverstanden sind oder nicht. Erst wenn wir den Kampf gegen die Wirklichkeit aufgeben, den wir ohnehin nicht gewinnen können, und annehmen, was ist, werden Energien frei für die Dinge, die wir tun wollen. Frei für das, was wir verändern wollen und verändern können.

„Ja" zum Ist-Zustand zu sagen, heißt nicht, alles hinzunehmen, gutzuheißen und über sich ergehen zu lassen, sondern ist lediglich die beste Voraussetzung dafür, dass Sie handeln können, und zwar so handeln können, wie Sie handeln wollen. Wie geht das? Ich persönlich finde das sehr schwierig, solange ich mich als kleiner Mensch sehe, der in einem Körper steckt. Mit meiner begrenzten menschlichen Perspektive finde ich so manches, was in der Welt passiert, einfach schrecklich, und das Annehmen fällt mir schwer. Im Bewusstsein, weitaus mehr als dieser physische Körper zu sein, sieht die Sache anders aus. Sie sind ein spirituelles Wesen, und von dieser Warte aus betrachtet können Sie „Ja" sagen zu allem, was das Leben für Sie bereithält. Sie sind hier, um das Leben in seiner ganzen Bandbreite zu erfahren. Immer wieder werden Sie vor Herausforderungen und schwierigen Situationen stehen – auch und gerade, wenn Sie Ihre Komfortzone verlassen und Ihren Seelenweg beschreiten. Doch haben Sie alles mitbekommen, um jede Hürde zu bewältigen und daran zu wachsen. Das kostet manchmal Überwindung und Mühe; das tut manchmal ordentlich weh und inkludiert unangenehme Gefühle; das heißt, bereit zu sein, zu scheitern und immer wieder aufzustehen und neu anzufangen. Wenn Sie anfangen, zu diesen Seiten des Lebens „Ja" zu sagen, dann sind Sie wirklich frei. Frei, Sie selbst zu sein und in Liebe Ihren Weg zu gehen. Frei, Ihr Potenzial zu verwirklichen und damit einen positiven Beitrag in der Welt zu leisten.

Sie werden in Ihrem Leben höchstwahrscheinlich viele Gelegenheiten finden, sich im Ja zu üben. Achten Sie in nächster

Zeit einfach darauf, wann Widerstand und ein inneres Nein auftauchen. Arbeiten Sie mit Ihren „grünen Männchen", Ihrer inneren Kommission zusammen – wie immer Sie sich diese vorstellen wollen – und denken Sie daran, dass die nur kurzfristig denken oder die Lage aufgrund vergangener Erfahrungen oft falsch einschätzen. Üben Sie sich darin, solche hinderlichen Vermeidungsprogramme zu erkennen und sich dadurch nicht von Ihrem Weg abhalten zu lassen.

Der allererste Schritt im Umgang mit Schwierigkeiten ist die Bereitschaft, sie anzunehmen.

William James

WIE KONGRUENZ

Intention: Ich und meine Wünsche passen zusammen.

Kongruenz bedeutet Übereinstimmung. In der Geometrie ist mit Kongruenz beispielsweise die Deckungsgleichheit zweier Flächen gemeint, in der Psychologie die Übereinstimmung von verbaler und nonverbaler Aussage und in der Psychotherapie der Einklang von Denken, Fühlen und Handeln. Was hat das mit Ihren Wünschen und Vorhaben zu tun?

Üblicherweise heißt es, „Du bekommst, was du dir wünschst". So steht es zumindest in unzähligen Ratgebern. Ich finde diese Aussage ein wenig verwirrend. Nehmen wir einmal die großen und beliebtesten Wünsche. Die allermeisten Menschen wünschen sich Gesundheit, Frieden, Liebe, finanzielle Sicherheit, eine erfüllte Partnerschaft, eine glückliche Familie, Zugehörigkeit, Anerkennung, Freiheit und ähnliches und hegen den Wunsch, ihr Wesen zur Entfaltung zu bringen. Wenn Wünschen allein ausreichte, müssten wir alle längst in Glück und Frieden schwelgen und unser Potenzial nutzen. Die Realität sieht meist etwas anders aus. Wir haben schon festgestellt, dass sehr oft unbewusste Glaubenssätze unsere Wünsche blockieren (siehe unter G) und dass wir aktiv handeln müssen, um unsere Vorhaben zu verwirklichen (siehe unter H). Das ist noch nicht alles. Wünsche scheitern häufig an Inkongruenz; daran, dass entweder unsere Wünsche gar nicht zu uns passen oder daran, dass unsere Gedanken, Worte und Taten nicht mit unseren Wünschen übereinstimmen. Mit anderen Worten: Was wir uns wünschen und was wir wirklich wollen, was wir wollen und wie wir handeln, was wir sagen und was wir tun, das liegt häufig weit auseinander. Erst wenn wir in dieser Hinsicht kongruent sind, können wir unsere schöpferische Kraft auf sinnvolle Weise nutzen und das Ergebnis erzielen, das wir uns wünschen. Wenn es also mit der Wunschverwirklichung nicht weitergeht, können folgende Kongruenz-Tests helfen:

Der Simsalabim-Test

- Passt ein Wunsch oder Vorhaben überhaupt zu mir und meinem Wesen?
- Ist es ein Herzensanliegen oder etwas, was nur mein Ego meint zu brauchen?
- Will ich das (sagen wir: die eigene Firma, ein eigenes Haus mit Garten, den Traummann, ein Kind, einen Hund, den Chefposten im Großkonzern, Berühmtheit oder die Weltreise) wirklich oder ist es nur schön, davon zu träumen?

Diese Fragen sind oft gar nicht so einfach zu beantworten. Viele Wunschideen schnappen wir unbewusst von unseren Eltern, von Freunden, von Vorbildern oder aus Funk und Fernsehen auf und basteln daraus Idealvorstellungen, was wir brauchen und wie unser perfektes Leben aussehen sollte. So wünschen wir uns vielleicht etwas, was wir im Grunde unseres Herzens gar nicht wollen oder was gar nicht zu unserem Wesen passt. Das Streben danach ist Zeit und Energieverschwendung. Meiner Erfahrung nach gehen solche „irrtümlich übernommenen" Wünsche oft ohnehin nicht in Erfüllung – sei es, weil wir nicht mit genug Energie dahinter stehen oder weil unsere Seele schlicht und einfach etwas anderes mit uns vorhat. Falls es doch klappt, bleibt am Ende eine Enttäuschung und ein Gefühl von Leere. Was uns selbst nicht wirklich entspricht und nicht zu unserem Wesen passt, fühlt sich weder gut an, noch lässt es unser Herz höher schlagen – da kann die Karriere noch so steil, der Traummann noch so toll oder das eigene Haus mit Garten noch so groß sein. Haben Sie das nicht selbst schon einmal erlebt? Haben Sie etwas bekommen oder erreicht, was Sie unbedingt wollten, weil Sie dachten, dass es Sie glücklich mache, nur um dann feststellen, dass das nicht der Fall ist?

Es gibt einen sehr einfachen und doch aussagekräftigen Kongruenz-Test, mit dem Sie vorab überprüfen können, ob die Erfüllung eines bestimmten Wunsches das Richtige für Sie wäre. Barbara Sher, eine amerikanische Autorin und Coach, nennt diesen Test den „Simsalabim-Test". Stellen Sie sich vor, ein Zauberer taucht bei Ihnen auf und, Simsalabim!, Ihr Wunsch ist in Erfüllung gegangen. Ihr Traum ist Realität und Sie erleben in Ihrer Vorstellung, wie sich das anfühlt. Also: Simsalabim! Sie sitzen im Chefsessel Ihrer Firma. Um 10 Uhr haben Sie ein Meeting mit Ihren Mitarbeitern, um die Aufgabenverteilung für ein neues Projekt zu besprechen. Bis dahin müssen Sie noch den Umsatz-Forecast für das nächste Halbjahr fertigstellen, denn um 11 Uhr kommt Ihr Steuerberater. Der teilt Ihnen mit, dass Sie auf Grund der hohen Personalkosten einem Mitarbeiter kündigen sollten. Zu Mittag sind Sie mit einem wichtigen Kunden zum Lunch verabredet – Sie hoffen auf einen großen Auftrag … Oder Simsalabim! Sie spazieren barfuß durch Ihren Garten und genießen die ersten Sonnenstrahlen, bevor Sie sich über das Unkraut hermachen und die neuen Pflanzen setzen. Gestern hat es ins Dach geregnet und zu Mittag kommt ein Handwerker, um den Schaden zu begutachten …

Sie sehen schon, warum es geht. Leben Sie Ihren Wunsch in Gedanken so realistisch wie möglich. In den kurzen Beispielen habe ich das Schöne ein wenig vernachlässigt, davon zu träumen ist nicht besonders schwer. Doch was passiert, wenn

Sie sich vorstellen, täglich dreimal am Tag mit Ihrem Hund spazieren gehen zu müssen, egal wie das Wetter draußen ist. Oder ständig im Rampenlicht zu stehen und auf der Straße um Autogramme gebeten zu werden, weil Sie berühmt sind, oder in einer Führungsposition die damit verbundene Verantwortung und die Verpflichtungen zu übernehmen? Fühlt sich der Wunsch dann noch immer richtig, gut und stimmig an? Wollen Sie es noch immer? Das ist der Härtetest. Manche meiner Träume sind schon daran zerschellt. Besser gesagt haben sie meinen echten Herzenswünschen Platz gemacht. Mit dem Simsalabim-Test können Sie jederzeit überprüfen, ob Wunschvorstellungen zu Ihnen passen und so die Spreu vom Weizen trennen. Denn nur Wünsche, die Ihrem Wesen entsprechen, manifestieren sich relativ mühelos.

Natürlich ist das nur ein Test. Weder wissen Sie genau, wie es dann in der Realität läuft, noch können Sie sich vorher hundertprozentig sicher sein, ob „genau das", was Sie jetzt wollen, das Richtige ist. Kein Grund zur Sorge. Manchmal müssen wir Dinge erst ausprobieren und leben. Manchmal verändert sich das, was zu uns passt, im Lauf der Zeit. Ich habe fünf Jahre in meinem vermeintlichen Traumjob in der Werbung gebraucht, um festzustellen, dass Karriere im herkömmlichen Sinn genauso wenig Meines ist wie die Werbebranche an sich und das Angestelltsein. Nicht das irgendetwas davon generell schlecht wäre, mir und meinem Naturell entspricht es nur nicht. Eine liebe Freundin von mir hat drei Jahre am Land gewohnt, weil sie das unbedingt wollte, um dann festzustellen, dass sie doch ein Stadtkind ist. Durch solche Erfahrungen lernen wir uns selbst besser kennen und finden heraus, was wir wirklich brauchen.

Wenn sich etwas allerdings schon in Ihrer Vorstellung – beim Simsalabim-Test – nicht richtig und stimmig anfühlt, können Sie ziemlich sicher sein, dass der Wunsch nicht mit Ihrem Wesen übereinstimmt. Diese Erfahrung können Sie sich sparen. Möglicherweise stellen Sie beim Simsalabim-Test fest, dass zwar der Wunsch zu Ihnen passt, aber der Zeitpunkt nicht. Dass Sie im Augenblick noch nicht bereit sind für die gewünschte Veränderung, und der Chefposten, der Traummann, das eigene Haus oder das Wunschkind Sie zum jetzigen Zeitpunkt noch überfordern würde. Wenn das so ist, dann schenken Sie sich und Ihrem Wunsch die nötige Zeit.

Der Simsalabim-Test hat noch einen großen Vorteil: Wenn Sie einen Wunsch in Ihrer Vorstellung wahr werden lassen, tauchen oft unbewusste Glaubenssätze und Ängste auf. Das heißt, Sie stellen vielleicht fest, dass sich Ihr Traum zwar gut anfühlt und Sie das wirklich wollen, aber … Fassen Sie Ihr „aber" in Worte. Zum Beispiel: Ich bin nicht gut genug. Das schaffe ich nicht. Das hat bei mir noch nie geklappt. Das kann ich mir nicht leisten. Davon kann ich nicht leben. Ich brauche Sicherheit. Ich bin nicht liebenswert. Andere werden nur neidisch sein auf mich. Ich bin nicht mutig genug.

Schreiben Sie alle negativen Gedanken, Zweifel und Ängste auf, die sich beim Simsalabim-Test melden. Sie können nicht kongruent sein und in Übereinstimmung mit Ihrem Wunsch handeln, wenn Ihre Gedanken dagegen Amoklaufen. Solche unbewussten Übeltäter zu stellen und ans Licht zu bringen, ist der erste Schritt in die richtige Richtung. Eine Möglichkeit, solche Glaubenssätze zu entkräftigen, finden Sie unter G wie Glaubenssätze. Denken Sie außerdem daran: Wenn Sie etwas wirklich von Herzen wollen, gilt es, trotz etwaiger Zweifel, Unsicherheiten oder Hindernisse Ihren Weg Schritt für Schritt zu gehen.

Der Aktion-Test

Kommen wir zum zweiten Kongruenztest. Überprüfen Sie Ihre Handlungen:

❧ Was tue ich? Welche Aktionen setze ich? Wie handle ich?
❧ Und wie passt das zu meinen Wünschen?

Unsere Aktionen zeigen uns oft sehr viel deutlicher, was wir wollen, als unsere Wünsche und Worte. Oder sagen wir so: Wir wollen zwar so manches, sind aber nicht bereit, das Nötige dafür zu tun. Nehmen wir an, Sie wünschen sich eine gute Figur, stopfen sich aber mit Süßigkeiten voll und bewegen sich nicht mehr als unbedingt nötig. Oder Sie wünschen sich eine liebevolle Beziehung, behandeln Ihren Partner aber ziemlich lieblos oder lassen jeden potenziellen Partner, der sich Ihnen nähert, abblitzen. Oder Sie wünschen sich eine Führungsposition, halten sich aber stets im Hintergrund und treffen ungern Entscheidungen. In all diesen Fällen stimmen Wollen und Tun nicht überein – Sie sind inkongruent.

Wir werden nur dann aktiv und handeln entsprechend, wenn wir etwas wirklich wollen. Bevor Sie jetzt heftig prostieren und sagen, ich will aber wirklich abnehmen, eine liebevolle Beziehung, eine Führungsposition oder sonst etwas, bedenken Sie, dass vieles, was wir tun, die Folge von unbewussten Gedanken ist. Während wir also bewusst denken, etwas Bestimmtes zu wollen, steuert unser Unbewusstes in eine ganz andere Richtung und das zeigt sich in unseren Handlungen.

❧ Wählen Sie einen Ihrer Wünsche oder ein Vorhaben aus und schreiben Sie auf, was Sie derzeit dafür tun oder eben nicht tun. Passt das zusammen?

Wenn Ihre Wünsche und Handlungen nicht zusammenpassen, dann:

Überprüfen Sie, ob Ihr Wunsch zu Ihnen passt

Um aktiv zu werden, müssen Sie sich immer wieder ein bisschen überwinden und sich einen kleinen Schubs geben – das ist normal, selbst bei Herzenswünschen. Wenn Ihnen etwas allerdings immer schwerfällt, jeder Schritt Überwindung kostet und große Anstrengung erfordert oder Sie gar nicht wunschgemäß handeln, ist die Wahrscheinlichkeit groß, dass ein Wunsch oder Vorhaben nicht zu Ihnen passt. Hier kann Ihnen der Simsalabim-Test weiterhelfen.

Überprüfen Sie Ihr Selbstbild

Bei manchen Wünschen steht uns das eigene Selbstbild im Weg – die Art und Weise, wie wir uns selbst sehen und wahrnehmen. Vielleicht können Sie sich nicht dazu aufraffen, Sport zu betreiben, weil Sie sich selbst als total unsportlich betrachten, oder Sie halten sich immer Hintergrund, weil Sie sich selbst als wertlos und unbedeutend sehen, oder essen zu viel, weil Sie sich zu dick fühlen und sich selbst nicht mögen. Solange das eigene Selbstbild nicht mit Ihrem Wunsch übereinstimmt, kämpfen Sie gegen Windmühlen.

Schauen wir uns dieses Problem anhand des Vorhabens „Aufhören zu rauchen" näher an. Viele Raucher sagen, sie wollen aufhören zu rauchen, greifen aber wieder und wieder zur Zigarette. Wollen und Handeln passen ganz offensichtlich nicht zusammen. Lassen Sie einmal einen Raucher einen Simsalabim-Test machen – Simsalabim, und Zigaretten sind aus seinem Leben verschwunden. Die meisten werden sich ein Leben ohne Zigaretten gar nicht vorstellen können. Sie haben sich so sehr mit dem Rauchen identifiziert, dass es quasi zu einem Bestandteil ihrer Persönlichkeit wurde. Sie sehen sich selbst als Raucher und haben keine Vorstellung von sich und einem Leben als Nicht-Raucher. Angenommen, Sie sind von diesem Problem betroffen, dann müssen Sie Ihr Selbstbild verändern, um vom Glimmstängel loszukommen. Setzen Sie Ihre Vorstellungskraft ein und werden Sie zuerst mental zum Nichtraucher. Stellen Sie sich vor, wie Sie sich fühlen werden als Nichtraucher. Malen Sie sich zum Beispiel aus: Wie fit Sie sind. Wie Sie laufen, ohne außer Atem zu kommen. Wie

Sie dankend eine Zigarette ablehnen. Wie Sie den vollen Geschmack des Essens genießen können. Wie gut Ihr Atem, Ihre Haare, Ihre Kleider riechen. Wie Sie Ihr durch Nichtrauchen gespartes Geld ausgeben. Wie stolz Sie auf sich sind, es geschafft zu haben. Nutzen Sie alle Ihre Sinne, um schon heute zu fühlen und zu erleben, wie es ist, Nichtraucher zu sein. Was nicht zu Ihrem Selbstbild passt, verschwindet aus Ihrem Leben. Was Sie sich vorstellen können, können Sie auch erreichen. Dieses Beispiel lässt sich auf den Sport, auf das eigene Auftreten, auf die Essgewohnheiten und viele andere Situationen übertragen. Wenn Sie Ihr Selbstbild in Übereinstimmung mit Ihren Wünschen bringen, dann wird es Ihnen viel leichter fallen, „falsche" Handlungen zu unterlassen und die nötigen zu setzen.

Hinterfragen Sie Ihren Wunsch und finden Sie das richtige „Warum"

- Warum will ich das?
- Was erhoffe/erwarte ich mir davon?
- Was wird dann anders sein?
- Was genau ist das Gute daran?

Wenn Sie feststellen, dass Ihre Handlungen nicht Ihren Wünschen entsprechen, liegt es möglicherweise daran, dass Sie in Wahrheit etwas anderes wollen. Nehmen wir an, Sie wünschen sich einen Karriereschub und wollen eine Führungsposition, halten sich aber beruflich ständig im Hintergrund und übernehmen ungern Verantwortung. Warum wollen Sie eine Führungsposition? Wollen Sie mehr Geld verdienen? Mehr Verantwortung haben? In der ersten Reihe stehen? Eine neue Herausforderung? Oder Ihre Fähigkeiten und Talente mehr nutzen? Vielleicht stellen Sie auf diese Weise fest, dass es Ihnen in Wahrheit darum geht, mehr Geld zu verdienen. In dem Fall brauchen Sie nicht unbedingt eine Führungsposition, die

Ihrem Wesen vielleicht gar nicht entspricht. Es gibt mit Sicherheit noch andere Möglichkeiten, um mehr Geld zu verdienen. Haken Sie weiter nach: Warum wollen Sie mehr Geld verdienen? Um für Ihre Familie ein Haus zu kaufen? Um mehr zu reisen? Um sich sicher zu fühlen? Ihre Gründe sind Ihre Gründe, und warum Sie etwas wollen, müssen Sie vor niemandem rechtfertigen. Die Frage nach dem „Warum" hilft Ihnen nur, Ihren wahren Motiven auf die Spur zu kommen, und wenn Sie Ihre Wünsche dementsprechend adaptieren, haben Sie in der Regel wesentlich mehr Möglichkeiten, um an Ihr Ziel zu gelangen. Außerdem wird es Ihnen wesentlich leichter fallen, wunschgemäß zu handeln, wenn Sie nicht mehr dem „falschen" Ziel nachrennen bzw. Umwege gehen. Das richtige „Warum" ist Ihre wichtigste Antriebskraft. Ist diese ausreichend stark, dann zeigt Ihnen das Leben das „Wie". Oft kommt es anders als erwartet; vieles geschieht wie von allein und das Leben lotst Sie auf Ihrem Weg.

Sie haben einen Wunsch, der Ihrem Wesen entspricht, mit Ihrem Selbstbild übereinstimmt und das richtige „Warum", dann bleibt die Frage, was Sie wirklich für Ihre Wünsche tun können, tun wollen und ab jetzt tun werden. Wenn wir uns etwas wünschen, neigen wir dazu, mehr darauf zu schauen, was im Außen passiert und von außen kommt, statt darauf zu achten, was wir selbst geben und hinausschicken. Wenn Sie nicht das bekommen, was Sie sich wünschen, dann schauen Sie auf sich, auf Ihre Wünsche und auf Ihre Handlungen. Wo fehlt die Kongruenz? In dieser Welt können wir buchstäblich alles kreieren, sofern es zu unserem Seelenweg passt, und sobald unsere wahren Wünsche mit unseren Gedanken und Handlungen übereinstimmen, werden Träume Wirklichkeit.

Früher sagte ich: Ich bin sicher,
die Dinge werden sich ändern.
Dann habe ich gelernt, dass die Dinge sich für mich
nur dann ändern, wenn ich mich ändere.

Jim Rohn

L

WIE LEO

Intention: Ich gönne mir Pausen zum Ausruhen und Kräftesammeln.

Als Kind hab ich liebend gerne Fangen gespielt – auch Nachlaufen oder Abklatschen genannt. Bei diesem Spiel gab es immer ein „Leo" – einen Ort, an dem man in Sicherheit war, weil man dort vom Fänger nicht abgeschlagen werden konnte. Das Leo war ein guter Ort zum Ausruhen und Rasten, um sich dann wieder mit neuer Kraft mitten ins Spiel zu stürzen.

Das gilt genauso fürs Leben. Wir brauchen unsere „Leo-Zeiten", in denen wir durchschnaufen und zu neuen Kräften kommen. Gerade wenn wir in einem Wachstums- und Veränderungsprozess stecken, ist es enorm wichtig, gleichzeitig für Sicherheit und Erholung zu sorgen. Sonst fallen wir früher oder später um; entweder wörtlich – wir rennen bis zur völligen Erschöpfung – oder bildlich gemeint – wir geben unsere Wünsche und Vorhaben auf und bleiben nicht standhaft, weil ein ganz wichtiges menschliches Bedürfnis auf der Strecke bleibt. Ein gewisses Maß an Vertrautheit, Kontinuität und Vorhersehbarkeit brauchen wir alle – der eine mehr und der andere weniger. Hier gilt es, Ihre ganz persönliche Balance zwischen Abwechslung und Sicherheit und zwischen Abenteuer und Entspannung zu finden (siehe auch Y). Nachdem es im ABC bisher die längste Zeit um die aktive Seite und das Neue ging, kommt jetzt das Leo dran. Bevor Sie sich daranmachen, Ihre persönlichen Leos zu bestimmen, werfen Sie einen Blick auf Ihr Leben:

☙ Gönnen Sie sich selbst ein Leo? Erlauben Sie sich Phasen der Erholung? Oder neigen Sie dazu, ständig am Laufen zu sein? Vielleicht ist das in Ihrem Berufsleben anders als in Ihrem Privatleben und Ihrer Freizeit.

☙ Gibt es Zeiten, die nur Ihnen gehören? In denen Sie nur das tun, was Ihnen gut tut und Sie Kraft tanken?

☙ Gibt es Zeiten, in denen Sie nichts tun und faulenzen?

In unserer Leistungsgesellschaft haben viele Menschen ein schlechtes Gewissen, wenn Sie sich erholen, sich Verschnauf-pausen gönnen und auf ihre Weise nichts tun. Viele nehmen sich schlicht und ergreifend nicht die Zeit dazu. Das kann auf Dauer unmöglich gut gehen. Ohne Erholungsphasen ist es unmöglich, leistungsfähig zu bleiben. Denken Sie ans Fangen-spielen – wer ständig rennt, bricht irgendwann zusammen. Wenn Sie sich verausgaben, hat niemand was davon. Gönnen Sie sich Ihre „Leo-Zeiten"!

Mein persönliches Leo

Beim Fangenspielen ist das Leo immer ein Ort oder ein be-stimmter Platz. Im wahren Leben können Sie erstens mehrere Leos haben und zweitens muss es nicht immer ein Ort sein. Auch bestimmte Menschen, bei denen wir uns gut aufgehoben fühlen, oder manche Tätigkeiten können ein Leo sein. Das Leo kann auch ein Ritual sein, wie ein Schaumbad im Kerzenlicht oder in aller Ruhe Tee zu trinken. Auch Hobbies, die uns neue Kraft schenken, sind Leos. Leo heißt also nicht notwendiger-weise, tatsächlich nichts zu tun. Sie müssen sich nicht aufs Sofa setzen und in die Luft starren – es sei denn, Ihnen steht der Sinn danach. In erster Linie geht es darum, dass Sie sich sicher und geborgen fühlen und Ihre Seele Kraft tanken kann.

Die folgenden Fragen helfen Ihnen dabei, Ihre persönlichen Leos zu finden. Los geht's:

Leo-Platz in den eigenen vier Wänden

❧ Wo ist in meinem Zuhause ein Platz, an dem ich mich wohl fühle und wo ich mich bei Bedarf zurückziehen kann und von niemandem gestört werde? Welchen Platz in meinem Zuhause könnte ich ganz bewusst zu meinem Leo erklären? Nicht jeder hat die Möglichkeit, ein eigenes Zimmer als Leo zu haben, genauso gut eignet sich z. B. ein Schaukelstuhl, ein Meditationsplätzchen oder die Badewanne. Haben Sie Mitbewohner, dann teilen Sie Ihnen mit, wenn Sie sich in Ihr Leo zurückziehen, und bitten Sie darum, in dieser Zeit nicht gestört zu werden.

Leo-Orte außer Haus

❧ An welchen Orten außerhalb meines Zuhauses kann ich so richtig die Seele baumeln lassen?
Das ist vielleicht ein Ort, an dem Sie ungestört sind und wirklich abschalten können. Oder eine Umgebung, in der Sie sich sehr wohl und sicher fühlen.

❧ Wo ist oder wo könnte mein Kraftplatz sein – ein Platz, an dem ich spürbar Kraft tanke und Energie gewinne?
Z. B. ein Ort in der Natur, eine Kirche, ein Aussichtspunkt oder auch ein Lieblingscafé.

Leo-Menschen

❧ Bei welchen Menschen habe ich wirklich das Gefühl, ich selbst zu sein?
❧ Bei wem fühle ich mich sicher und geborgen?
❧ Auf wen kann ich mich verlassen?
❧ Wen rufe ich an, wenn ich Rat und Hilfe brauche?
Das können durchaus unterschiedliche Menschen sein je nach Lebensbereich.

Leo im Tun

- Welche Hobbies oder Lieblingsbeschäftigungen empfinde ich als mein Leo? Welche Tätigkeiten in meiner Freizeit haben einen großen Erholungswert für mich und schenken mir Kraft für die anstrengenderen Seiten meines Lebens? Z. B. Lesen, Golfen, Reiten, Stricken, Gärtnern.

- Gibt es Tätigkeiten im Haushalt oder im Beruf, bei denen ich den Kopf frei bekomme und richtig verschnaufen kann? Das können z. B. Tätigkeiten sein wie Kochen, Bügeln, Staubsaugen oder andere Routinearbeiten.

- Welche kleinen Rituale helfen mir im Alltag, bewusst auszuruhen und zu neuen Kräften zu finden? Z. B. ein Schaumbad, Tee trinken, eine Massage, ein Lieblingslied anhören, eine Meditation oder ein Power Nap.

Entspannung ist ein wesentlicher Bestandteil von Kraft.

George Leonard

M

WIE MUT

Intention: Ich gehe mutig meinen Weg.

Ich gehöre zu den Menschen, die um die Öffnung einer weiteren Kasse bitten, sobald mehr als drei Kunden mit vollem Einkaufswagen in der Schlange stehen. Unlängst war eine Freundin bei meinem „Könnten-Sie-bitte-noch-eine-Kasse-aufmachen"-Auftritt dabei und beinahe ehrfürchtig sagte sie nachher: „Du bist mutig! Das würde ich mich nie trauen!" „Mutig? Ich? Na, wirklich nicht!" protestierte ich. „Ich traue mich seit einer Woche nicht meine neuen Spinning-Schuhe umzutauschen, obwohl das zum Service des Geschäfts gehört, wenn die nicht passen." „Was? Warum nicht?" fragte sie mich entgeistert.

Jeder Mensch hat seine persönlichen Grenzen, deren Überschreitung Mut braucht. Was für den einen einfach und selbstverständlich ist, kostet den anderen ordentlich Überwindung. Wir brauchen Mut, um unseren hinderlichen Ängsten zu begegnen, und Angst hat bekanntlich viele Gesichter und taucht in vielen Formen auf.

Wie Sie an dem einleitenden Beispiel unschwer erkennen und wahrscheinlich auch aus eigener Erfahrung wissen, muss es dabei gar nicht um etwas Weltbewegendes gehen. Manchmal haben wir Bammel vor Dingen, die objektiv betrachtet wirklich leicht zu bewerkstelligen sind, doch sobald wir selbst aktiv werden wollen oder sollen, sind wir wie gelähmt. Es lohnt sich, in den „harmlosen" Fällen mutig zu sein und über seinen eigenen Schatten zu springen. Ich bin also nach diesem

Gespräch ins Fahrradgeschäft gegangen und habe die Schuhe umgetauscht, und meine Freundin hat bei nächster Gelegenheit um eine weitere Kasse gebeten. Warum? Weil wir in diesen harmlosen Dingen lernen, trotz mulmigem Gefühl aktiv zu werden. Darin geübt zu sein, ist enorm hilfreich, wenn es ans Eingemachte geht – dann, wenn es darum geht, die Dinge anzupacken, die uns wirklich wichtig sind und oft noch viel mehr Mut abverlangen.

🌿 Wo können Sie sich im Alltag darin üben, mutig zu sein? Wo wären Sie gerne mutiger?
Vielleicht fallen Ihnen gleich ein paar Möglichkeiten ein. Am besten, Sie beobachten im Alltag, wann und wo Sie sich vor Unangenehmem drücken, Dinge hinausschieben oder nicht tun, was Sie tun wollen. In welchen „Kleinigkeiten" fehlt Ihnen der Mut? Wenn Sie beispielsweise einen Anruf hinauszögern, weil er Ihnen im Magen liegt, beim Meeting schweigen, obwohl Sie gerne Ihre Meinung äußern würden, einen Menschen nicht ansprechen, den Sie gerne kennenlernen würden, oder ein Treffen mit der Schwiegermutter nicht absagen, für das Sie in Wahrheit weder Zeit noch Lust aufbringen wollen, dann finden Sie darin eine Gelegenheit, sich zu überwinden und mutig zu tun, was zu tun ist.

Nutzen Sie die Gelegenheit, die Ihnen das Leben bietet, um
- Mut zu haben, sich Ihre Wünsche einzugestehen und Ihre Träume Schritt für Schritt anzugehen.
- Mut zu haben, sich zu begeistern und sich voll und ganz auf eine Sache einzulassen.
- Mut zu haben, die Verantwortung für sich und Ihr Leben zu übernehmen.
- Mut zu haben, zu handeln.
- Mut zu haben, trotz Angst zu handeln.
- Mut zu haben, Fehler zu machen.

- Mut zu haben, Ihrer Inneren Führung zu vertrauen und zu folgen.
- Mut zu haben, „Ja" zu sagen zu dem, was Sie wollen.
- Mut zu haben, „Nein" zu sagen, wenn Sie Nein meinen.

Sie werden sehen, das Leben bietet reichliche Übungsmöglichkeiten. Mut ist wie ein Muskel, der wächst, und mit zunehmender Stärke nimmt das Selbstvertrauen zu. Mut ist nicht gleich Übermut und Leichtsinn – das ist hier nicht gefragt. Mut ist eine transformierende Kraft. Einmal zur richtigen Zeit am richtigen Ort Mut gehabt zu haben, kann Ihr Leben ganz entscheidend verändern. Wann so ein magischer Wendepunkt ist, das wissen wir nicht. Doch kann es in jeden Moment soweit sein.

Um auf die entscheidenden Augenblicke gut vorbereitet zu sein, helfen neben regelmäßiger Übung wirkungsvolle Mutmach-Strategien. Das ist natürlich wiederum eine sehr persönliche Angelegenheit und nicht immer wirkt dasselbe. Ich verrate Ihnen hier vier meiner eigenen Mutmacher. Sehen Sie diese als Anregungen, um herauszufinden, welche Gedanken oder Strategien Ihnen Mut machen:

Vier Mutmacher

Weise Worte

Ich liebe Zitate, Geschichten und Weisheiten bekannter Persönlichkeiten. Sie inspirieren mich und es gibt eine ganze Reihe davon, die mir Mut machen. Meinen Favoriten hab ich auf einem kleinen Zettel stehen, der immer in meiner Geldbörse steckt: *In 20 Jahren wirst du dich mehr ärgern über die Dinge, die du nicht getan hast, als über die, die du getan hast. Also wirf die Leinen und segle fort aus deinem sicheren Hafen. Fange den Wind in deinen Segeln. Forsche. Träume. Entdecke. (Mark Twain)*

Dieses Zitat erinnert mich an eine Szene aus dem Film „Ein unmoralisches Angebot", in der John Gage (Robert Redford) eine kleine Geschichte erzählt:

„Als ich ein Junge war, da bin ich mal von irgendwas zurückgekommen. Kino oder so was. Und in der U-Bahn saß mir ein Mädchen gegenüber. Sie hatte ein Kleid an, das bis oben zugeknöpft war. Sie war das schönste Wesen, das ich je im Leben gesehen hatte. Ich war sehr schüchtern, und jedes Mal, wenn sie mich angesehen hat, habe ich woanders hingesehen. Und wenn ich dann wieder zu ihr rüber sah, dann sah sie weg. Dann kam meine Station und ich musste aussteigen. Ich stieg aus und die Türen wurden geschlossen, und als der Zug dann wieder abfuhr, sah sie mich plötzlich an und schenkte mir ein unglaubliches Lächeln. Es war entsetzlich. Ich wollte die Tür wieder aufreißen und kam jeden Abend zurück, um die gleiche Zeit. Aber ich hab sie nie mehr gesehen. Das ist jetzt 30 Jahre her. Und doch, seit dieser Zeit vergeht nicht ein Tag, an dem ich nicht an sie denke."

Der Gedanke, dass ich es später bereuen werde, wenn ich jetzt feige bin, hat mir schon oft Mut gemacht, über meinen Schatten zu springen. Manchmal sind daraus ganz wunderbare Erfahrungen geworden.

- ❧ Welche Zitate, Geschichten oder Weisheiten machen Ihnen Mut?
- ❧ Welchen „Mutmacher" könnten Sie in Ihrer Geldbörse mit sich herumtragen?

XY hast du auch geschafft!

Im Laufe meines Lebens musste ich schon des Öfteren durch Situationen durch, die mit Angst, Unsicherheit und Ungewissheit verbunden waren. „Wie soll das nur gut gehen?", war die große Frage. Rückblickend gesehen waren solch schwierige Situationen gar nicht so schlimm und ich hab sie alle heil überstanden!

„Was soll ich fünf Stunden lang in einem Deutschaufsatz schreiben?", hab ich mich tagelang vor meiner Matura gesorgt. Bei meiner Führerscheinprüfung haben meine Knie so sehr gezittert, dass ich kaum kuppeln konnte, den Führerschein hab ich heute trotzdem. „Wie soll ich vor so vielen Führungskräften eine Präsentation halten?", hab ich vor meinem ersten großen Auftritt als Kundenberaterin gejammert und es dann doch irgendwie auf die Reihe bekommen. Und als ich meinen Job in der Werbung hinschmiss und mich selbständig machte, hatte ich keine Ahnung, wie ich das finanziell bewerkstelligen sollte. Trotz Existenzsorgen ist es immer irgendwie gut ausgegangen. An diese Momente erinnere ich mich oft, wenn ich vor einer Situation stehe, in der ich Mut brauche, und dann sage ich mir: „Das hast du auch geschafft!"

❧ Was sind Ihre Mutmach-Erlebnisse?

❧ Welche angsterregenden oder unsicheren Situationen, durch die Sie durch mussten, haben Sie gut bewältigt?

Ich denke an ein Vorbild!
Wir wissen wohl alle, dass es nicht gut ist, sich ständig mit anderen Menschen zu vergleichen. Aber: In manchen Situationen sind Vorbilder sehr hilfreich – Menschen, die uns inspirieren, ermutigen und zu eigenen Höchstleistungen anspornen.

Mir macht es jedenfalls Mut, zu wissen, dass vor mir schon jemand den Weg gegangen ist oder die Herausforderung gemeistert hat, vor der ich gerade stehe. In manchen Lebensbereichen habe ich große Vorbilder, an die ich wohl nie ganz herankommen werde – zum Beispiel meine Yoga-Heroes oder echte Schreibgenies, die mir durch ihre Arbeit Mut machen.

Viel öfter sind es ganz „normale" Menschen, die mich im Alltag in mancher Hinsicht inspirieren und mir zeigen, dass etwas möglich ist. Erst vor ein paar Tagen ist eine Frau bei einem Vortrag vor versammelter Menge aufgestanden und hat klipp und klar ihre Meinung gesagt zu den wirklich unangebrachten Meldungen des Vortragenden. Wow!

🌿 Welche Menschen haben für Sie eine Vorbildfunktion und machen Ihnen Mut, zu tun, was Sie tun wollen, oder zu sein, wie Sie sein wollen?
Vielleicht sind es „Promis", vielleicht ist es aber auch ein Nachbar, eine Freundin oder irgendeine Fremde.

„Hör auf mit dem Hirnwichsen!"

Verzeihung für den saloppen Ausdruck, aber das hat ein Lehrer einmal zu mir gesagt und dieser Satz ist wirklich bei mir eingefahren. Ich neige manchmal dazu, mich selbst mutlos zu machen, indem ich dauergrüble und mich in „Ich kann das doch gar nicht"- oder „Ich schaff das nicht"-Gedanken verstricke. Natürlich ist es wichtig, über manche Dinge nachzudenken, sich nicht selbst zu überschätzen und unnötig in Risiken hineinzustürzen. Das hat aber nichts damit zu tun, sich selbst wahnsinnig zu machen. Wenn ich mich dabei ertappe, erinnere ich mich an meinen Lehrer und ermahne mich selbst mit seinen Worten: „Su, hör endlich auf mit dem Hirnwichsen!" Oder etwas höflicher: „Su, jetzt reicht's! Hör auf zu grübeln und tu einfach, was du jetzt tun kannst." So oder ähnlich klingt das dann. Das hört sich vielleicht komisch an, aber mir hilft's – vor allem, wenn ich einen etwas strengeren Ton anschlage.

🌿 Durch welchen Satz können Sie sich selbst Mut zusprechen?
Vielleicht ist es bei Ihnen nicht die strenge Ermahnung, sondern eine sanfte Ermutigung wie: „(Ihr Name), du schaffst das schon!"

Weitere Mutmach-Strategien

Es gibt unendlich viel mehr Möglichkeiten, sich selbst Mut zu machen, und Sie haben mit Sicherheit einige bewährte Strategien auf Lager. Um sich diese bewusst zu machen, denken Sie an Situationen in Ihrem Leben, in denen Sie Mut gebraucht haben. Fragen Sie sich:

- Wo bin ich schon mal mutig gewesen?
- Was hat mir damals geholfen?
- Wie konnte ich mir selbst Mut machen?
- Wer und was hat mir Mut geschenkt? Und wie ist das genau passiert?
- Welche ganz persönlichen Strategien habe ich für mich entwickelt?

Ich bin gar nicht mutig, sagen Sie? Manchmal nehmen wir selbst gar nicht wahr, dass wir mutig sind. Ich habe beispielsweise oft gehört, wie mutig ich war, weil ich meine Karriere in der Werbung aufgegeben und beruflich ganz neu angefangen habe. Ich habe darauf immer geantwortet: „Das war nicht mutig, ich konnte gar nicht anders." Als ich mir dann eines Tages Zeit nahm, um etwas eingehender darüber nachzudenken, wurde mir bewusst, dass ich sehr wohl eine ganze Menge getan habe, um diesen Schritt zu gehen, und vieles davon hat mir geholfen, Mut zu fassen. Wenn andere über Sie sagen, dass Sie mutig sind, obwohl Sie das selbst nicht so sehen, schauen Sie näher hin. Hinter dem, was Ihnen so selbstverständlich scheint, steckt oft sehr viel Mut.

Sollten Sie das Gefühl haben, dass Mut bisher wirklich eher ein Unbekannter für Sie ist, dann laden Sie den Mut ganz bewusst in Ihr Leben ein. Bitten Sie gerade in schwierigen Situationen darum, dass Ihnen der Mut wie ein guter Freund zur Seite steht und Ihnen den Rücken stärkt. Probieren Sie das aus: Der einfache Gedanke „Ich bitte jetzt um Mut" genügt – bemerken Sie, was sich verändert. Wie fühlt sich das an, wenn der Mut da ist? Wie sehen Sie aus? Wie stehen Sie da? Wie wirken Sie? Wie sprechen Sie? Was trauen Sie sich anders zu machen?

Alle Träume können wahr werden
– wenn wir den Mut haben, ihnen zu folgen.

Walt Disney

N

WIE NICHT-TUN

Intention: Ich tue, was sich gut, richtig, stimmig und authentisch anfühlt.

Ein Bus voller Touristen macht eine Rundfahrt zu den bedeutendsten Sehenswürdigkeiten der Stadt. Alle haben eine Kamera vor dem Gesicht und fotografieren wie verrückt. Nur ein einziger Tourist sitzt ruhig auf seinem Platz und schaut aus dem Fenster. Völlig verwundert fragt sein Nachbar: „Warum fotografieren Sie denn nicht?" Darauf antwortet er: „Ich sehe es mir gleich hier an."

Das ist eigentlich ein Witz, aber bekanntlich steckt in jedem Witz ein Funken Wahrheit. In diesem Buch geht es darum, Ihre ganz persönlichen Wünsche und Vorhaben zu verwirklichen. So unterschiedlich diese auch bei jedem von uns sein mögen, eine Geschichte dahinter ist immer dieselbe: Alles, was wir uns wünschen, haben oder erreichen wollen, egal was es ist, hat letztlich damit zu tun, dass wir meinen, dass es uns dann besser geht. Wir sehnen uns danach, glücklich zu sein. Das ist menschlich. Doch vergessen wir dabei leicht die einzige Zeit, in der wir glücklich sein können: das Hier und Jetzt. Wie oft rennen wir wie die fotografierenden Touristen durchs Leben, statt im Hier und Jetzt zu sein und den Augenblick zu genießen? Unter D wie Dankbarkeit haben wir schon gesagt, wie wichtig es ist, vor lauter Wünschen und Vorhaben nicht aus den Augen zu verlieren, was uns das Leben jeden Tag schenkt, und wertzuschätzen, was jetzt ist. An dieser Stelle geht es darum, wie wir am besten handeln, damit es uns gut geht und wir glücklich sind – heute und nicht irgendwann in der Zukunft.

Aus dem Daoismus stammt der Begriff Wu Wei, was so viel bedeutet wie „Nicht-Handeln" oder „nicht gegen die Natur der Dinge handeln". Mein Shiatsu-Lehrer, Dr. Eduard Tripp, pflegte es so zu beschreiben: „Wu Wei heißt, mit seinem wahren Wesen und den Naturgesetzen, die um uns herum wirksam sind, harmonisch zusammenzuarbeiten, die natürliche Ordnung der Dinge zu beherzigen und nach dem Prinzip des geringsten Widerstandes vorzugehen." Wie können wir dieses Prinzip in unserem Alltag umsetzen? Zunächst einmal: Nicht-Tun ist nicht gleichbedeutend mit Nichtstun. Es hat nichts mit Faulenzen und Passivsein zu tun, sondern damit, der Absicht der Seele zu folgen und im Einklang mit dem Fluss des Lebens zu handeln. Statt Widerstand zu leisten gegen das, was ist, gilt es, das Beste aus den Gegebenheiten des Lebens zu machen und das zu tun, was durch einen geschehen soll. Anders ausgedrückt: Nicht-Tun heißt, der inneren Führung zu folgen und das zu tun, was sich in diesem Moment gut, richtig, stimmig und authentisch anfühlt. Es bedeutet, auf den eigenen Rhythmus und auf innere Impulse zu achten, Lust und Laune ins Boot zu holen und intuitiv und spontan zu entscheiden, was jetzt zu tun ist.

Der indische Meister Osho sagt es noch klarer: „Folge deiner Freude. Mache nur das, was dich erfreut. Wenn du etwas nicht genießt, dann mache es nicht. Probiere es aus. Freude kommt aus deinem Zentrum. Wenn du etwas machst, was dich nicht befriedigt, dann bist du von deinem Zentrum abgetrennt."[1] Sobald wir das tun, was uns wirklich Freude macht, sind wir in unserer Mitte und das Leben fühlt sich leicht an. Dieses Lebensprinzip klingt vielleicht einfach. So einfach ist es aber nicht. Oder?

---

1 Osho Zitat - Auszug aus The Discipline of Transcendence, Vol.4 #4

- Wie oft folgen Sie Ihrer Freude?
- Wie oft tun Sie etwas, weil genau das in diesem Moment Ihrem inneren Impuls entspricht?
- Wie oft tun Sie jetzt genau das, was Sie tun möchten, und nichts anderes?

Wenn Sie ein bisschen länger darüber nachdenken, dann wird Ihnen höchstwahrscheinlich bewusst, wie oft Sie Dinge tun, die Sie eigentlich nicht tun wollen. Das beginnt bei vielen schon in der Früh, wenn der Wecker läutet, obwohl Sie noch schlafen wollen, zieht sich durch die Arbeit, sei es im Job oder im Haushalt, in der Sie die meiste Zeit nicht das tun können, was Sie gerade tun wollen, und macht selbst vor der Freizeit nicht halt, in der dann gesellschaftliche Verpflichtungen oder fixe Aktivitäten am Plan stehen. Wir tun oft Dinge, weil wir uns verpflichtet fühlen oder denken, dass das eben jetzt sein muss oder „man" das tut. Wir tun Dinge, weil andere sie brauchen, wollen, wünschen oder erwarten. Wir tun Dinge, weil wir uns in Zukunft irgendetwas Positives davon erhoffen oder wenigstens Ärger und Unannehmlichkeiten vermeiden wollen. Freude, Wohlbefinden und Zufriedenheit im Hier und Jetzt ade.

Mit Sicherheit finden Sie viele Gründe und Erklärungen, warum Sie nicht immer das tun können, was sich für Sie gut anfühlt. So etwas wie „Ich muss meinen Verpflichtungen nachgehen", „Da hab ich ein schlechtes Gewissen", „Das ist doch total egoistisch", „Wenn ich immer nur tue, was mir Spaß macht, werde ich meine Ziele nie erreichen", „Man muss sich auch durchbeißen" und so weiter und so weiter. Doch was ist das für ein Leben, wenn wir nicht tun, was wir von Herzen gern tun wollen? Wessen Leben leben wir dann? Und wie sollen wir so Freude, Zufriedenheit und Erfüllung erfahren?

Gerade wenn es darum geht, Ziele zu erreichen oder Vorhaben umzusetzen, neigen viele dazu, sich zu zwingen, etwas

Bestimmtes zu tun, statt ihrer Freude im Hier und Jetzt nachzugehen. Wer abnehmen will, meint vielleicht, weniger essen und Sport machen zu müssen. Wer sein Geschäft ankurbeln will, meint vielleicht, all seine ehemaligen Kunden zu einem Gespräch einladen zu müssen. Wer einen neuen Job will, meint vielleicht, tausend Bewerbungen ausschicken zu müssen. Wer einen Partner kennenlernen will, meint vielleicht, ausgehen zu müssen. Egal welches Ziel Sie hernehmen, Ihnen fallen vermutlich genügend Dinge ein, die man tun könnte und die dazu geeignet sind, das Ziel zu erreichen. Die wenigsten Menschen gehen allerdings her und tun, was sie wirklich tun wollen für ihr Vorhaben, sondern das, was sie meinen, tun zu müssen. Das funktioniert in den seltensten Fällen. Wenn wir nicht das tun, was sich hier und jetzt gut, richtig und stimmig anfühlt und uns selbst entspricht, kommen wir nicht an das gewünschte Ziel. Ich korrigiere: Vielleicht kommen Sie mit viel Schweiß und Mühe ans Ziel, werden dann aber um keinen Deut glücklicher sein. Ja, Sie müssen handeln – das haben wir schon unter H wie Handeln besprochen. Sie werden nicht abnehmen, wenn Sie so weiterleben wie bisher. Ihr Geschäft wird nicht aufblühen oder der neue Job nicht hereinschneien, wenn Sie nur in die Luft schauen. Ihr Partner wird Sie kaum finden, wenn Sie sich nur zu Hause verkriechen. Das heißt aber nicht, dass Sie Dinge tun müssen, die Sie nicht tun wollen und auf die Sie in Wahrheit keine Lust haben. Das spürt jeder – auch das Leben –, und dadurch kommt nichts Gutes herein.

Unter A wie Anfang (Punkt 4) haben Sie sich schon überlegt, was Sie gerne für Ihre Wünsche und Vorhaben tun möchten. Nicht-Tun hat damit zu tun, diesen Dingen wirklich nachzugehen und auf Ihre inneren Impulse zu hören, was jetzt ansteht. Allerdings ohne Zwang. Manche Menschen machen sich Selbstvorwürfe, wenn sie nicht ständig etwas für ihre großen Pläne tun. Zur Erinnerung: Letztlich verfolgen wir unsere Wünsche und Vorhaben nur deswegen, weil wir glücklich sein wollen. Paradoxerweise erreichen wir unsere Wünsche und Vorhaben am schnellsten, wenn wir glücklich sind – schon jetzt. Das heißt, was Sie tun, muss nicht immer in einem unmittelbaren und logischen Zusammenhang mit Ihren Wünschen und Vorhaben stehen. Vielleicht haben Sie auf etwas ganz anderes Lust. Gehen Sie dem nach.

Wer sich erlaubt, wirklich seiner Freude zu folgen, isst mit der Zeit von allein weniger, weil Essen keine Ersatzbefriedigung mehr ist. Wer Golf liebt, knüpft vielleicht am Golfplatz Geschäftskontakte oder findet einen neuen Job. Der neue Partner taucht vollkommen unerwartet beim Kochkurs auf, den Sie schon lange machen wollten. Das sind ganz banale Beispiele, die Sie daran erinnern sollen, dass das Leben unendlich viele Möglichkeiten bereithält, wie sich Ihre Wünsche erfüllen können. Befreien Sie sich von dem, was Sie meinen tun zu müssen, und tun Sie das, was Sie tun wollen. Den Rest überlassen Sie dem Leben.

Schauen wir uns noch kurz ein weiteres Hindernis an: Es kursieren unzählige Glaubenssätze, die besagen, dass wir zuerst auf andere achten müssen, dann erst auf uns selbst. Sich selbst an erste Stelle zu setzen und zwar immer, das scheint für viele Menschen fast sündhaft zu sein oder zumindest reichlich egoistisch. Betrachten wir die Sache von einer anderen Warte: Sie können jemandem nur dann Geld geben, wenn Sie Geld haben. Sie können anderen nur dann Ihr Wissen vermitteln, wenn Sie etwas wissen. Sie können Ihr Essen nur teilen, wenn Sie etwas zu essen haben. Das leuchtet jedem ein. Viele meinen aber, andere glücklich machen zu können, ohne selbst glücklich zu sein, und für andere sorgen zu können, ohne für sich selbst zu sorgen. Doch wie wollen Sie etwas geben, das Sie selbst nicht haben? Lösen Sie sich von der Illusion, zuerst für andere dasein zu können. Das ist nicht möglich. Solange Sie sich nicht selbst an erste Stelle setzen, fehlen Ihnen dazu die Erdung, die Energie und die Kraft. Wenn Sie zuerst für sich selbst sorgen und glücklich sind, dann sind Sie eine unglaubliche Bereicherung für alle Menschen in Ihrem Umfeld und dann haben Sie wirklich viel zu geben.

Den inneren Impulsen folgen

Kommen wir zu einer ganz einfach Übung im „Nicht-Tun" im Sinne von „aus dem Inneren heraus handeln". Fragen Sie sich im Lauf des Tages immer wieder, was Sie jetzt am liebsten tun möchten und was jetzt das Beste für Sie ist. Beginnen Sie, Ihrer Energie zu folgen. Das heißt:

🌿 Was könnte ich jetzt tun?
   In der Regel haben wir immer verschiedene Optionen zur Wahl. Jetzt lesen Sie gerade dieses Buch. Sagen wir, Sie könnten weiterlesen, ein Nickerchen machen, eine Aufgabe angehen oder jemanden anrufen. In Wahrheit gibt es in jedem Moment unzählige Möglichkeiten, aber gehen Sie einfach von denen aus, die in diesem Augenblick in die engere Auswahl kommen.

🌿 Wonach ist mir? Wofür hab ich jetzt die meiste Energie? Was fühlt sich jetzt gut, richtig, stimmig und authentisch an?
   Wählen Sie aus den Optionen, die jetzt zur Auswahl stehen, die aus, die sich am besten anfühlen. Tun Sie das, wonach Ihnen jetzt ist und was Ihnen entspricht – sei es, weil es am meisten Freude macht, weil Sie Lust darauf haben, weil Sie am meisten Energie dafür verspüren oder weil es sich einfach gut anfühlt. Gehen Sie dem nach und zwar solange es geht. Das heißt, bis Sie merken, dass es entweder erledigt ist oder jetzt keine Energie oder Freude mehr dafür da ist und etwas Neues ansteht. Statt sich zu zwingen, irgendetwas weiterzumachen, oder sich mit Selbstvorwürfen zu

quälen, weil Sie nicht genug Ausdauer haben, folgen Sie Ihren inneren Impulsen und tun die Dinge in Ihrem eigenen Rhythmus.

Ein Thema müssen wir hier noch einmal kurz aufgreifen: Angst. Es gibt Dinge, die fühlen sich jetzt gut, richtig, stimmig und authentisch an und gleichzeitig sind sie mit einem Gefühl von Angst verbunden (siehe auch H). Erinnern Sie sich: Wo diese Angst ist, geht es lang. Hier geht es nicht darum, sich zu etwas zu zwingen, was Sie nicht tun wollen, sondern darum, das zu tun, was Sie in Wahrheit tun wollen, aber sich nicht trauen. Springen Sie an diesen Stellen über Ihren Schatten (siehe auch M).

Bauen Sie diese „Nicht-Tun"-Übung so oft wie möglich in Ihr tägliches Leben ein. Wenn Ihnen das schwerfällt, beginnen Sie mit Kleinigkeiten, die Ihnen nicht so wichtig oder leicht realisierbar erscheinen. Fragen Sie sich beispielsweise, was Sie heute anziehen wollen, was Sie frühstücken wollen, welchen Weg Sie in die Arbeit nehmen wollen, wo und wann Sie einkaufen wollen. Je mehr Sie sich trauen, Ihre „kleinen" Wünsche zu leben, desto klarer wird Ihnen, was Sie wirklich wollen, und desto schneller bewegen Sie sich in die richtige Richtung.

Am Ende stellt sich die Frage:
Was hast du aus deinem Leben gemacht?
Was du dann wünschst, getan zu haben, das tue jetzt!
Erasmus von Rotterdam

WIE OFFENHEIT

Intention: Ich bin offen für das Gute im Leben.

Heute wird ein mühsamer Tag!", „XY wird sicher sauer sein!", „Das wird bestimmt nicht gut ausgehen." Vermutlich kennen Sie solche oder ähnliche Sätze und vermutlich kommen Sie gelegentlich auch aus Ihrem Mund. Immerhin leben wir schon einige Zeit auf dieser Erde und haben viele Erfahrungen gesammelt. So haben wir meist eine bestimmte Vorstellung, wie Menschen, Dinge oder Umstände sein oder sich entwickeln werden. Sehr oft erleben wir dann genau das und fühlen uns in unserer Vorstellung bestätigt – „Wusste ich's doch!"

Was wir dabei übersehen: Unser Gehirn ist darauf programmiert, das wahrzunehmen, was unseren tiefsitzenden Glaubenssätzen und Erfahrungen entspricht. Wir nehmen also von Natur aus eher das wahr, was wir erwarten, und blenden das aus, was dem nicht entspricht. Wenn wir also überzeugt sind, dass ein Tag mühsam wird, wird er fast zwangsläufig mühsam. Wenn wir glauben, dass jemand sauer sein wird, wird derjenige mit großer Wahrscheinlichkeit sauer reagieren. Wenn wir schon im Vorfeld denken, dass etwas schiefgehen oder nicht gut laufen wird, passiert meist genau das – das ist im Fachjargon gesagt eine sich selbsterfüllende Prophezeiung. Infiziert von negativen Glaubenssätzen und Erwartungen verschließen wir uns vor den unzähligen Möglichkeiten, die das Leben tatsächlich zu bieten hat, und merken es gar nicht. Mit blockierenden Glaubenssätzen haben Sie sich schon unter G auseinandergesetzt. Unter J üben Sie sich im Ja-Sagen. Hier soll es darum gehen, generell offener zu sein und sich frei zu machen von den fixen Vorstellungen und Erwartungen, die wir alle mit uns herumschleppen.

Einen ganz simplen Trick verdanke ich einer Plakatwand, an der ich eines Tages vorbeiging. Ich war gerade in Gedanken damit beschäftigt, über ein Problem nachzudenken – genauer gesagt, in meinem Kopf mit einem Kollegen über ein Problem zu streiten. Ich war mir sicher, er würde meinen Standpunkt nicht verstehen und bereitete mich innerlich auf eine Auseinandersetzung vor. Da stand ich plötzlich vor einem Plakat, auf dem groß und fett stand: *Es könnte ganz anders sein, als du denkst.*

Schlagartig wurde mir bewusst, wie sehr ich mich und damit die Wirklichkeit gerade gedanklich eingeschränkt hatte. In meiner Vorstellung hatte ich weder mir selbst noch meinem Kollegen, noch dem Leben Spielraum gelassen. Nur weil ich eine ähnliche Situation schon des Öfteren erlebt hatte, ging ich automatisch davon aus, dass es wieder so sein wird. Wenn wir allerdings mit einer anderen Einstellung an eine ähnliche Situation herangehen, gibt es vielleicht gar kein Problem. Und selbst wenn es ein Problem gibt, dann gibt es in aller Regel verschiedenste Lösungsmöglichkeiten. Sind wir mit unserem begrenzten Verstand allerdings überzeugt davon und malen uns in unserer Vorstellung auch noch ausführlich aus, dass etwas so und so ist oder sein wird und sich nur so oder so lösen lässt, stecken wir schnell fest in einem selbsterschaffenen Problem.

Mit unseren Gedanken gestalten wir unsere Realität. Wenn Sie sich das nächste Mal bei einer negativen Vorstellung über die Zukunft ertappen, Sie denken, dass etwas verkehrt läuft, oder Sie bemerken, dass Ihr Kopf ständig um ein Problem kreist, sagen Sie innerlich: „Stopp!" Denken Sie daran: Es könnte auch ganz anders sein, als Sie denken. Fragen Sie sich: ·

🌿 Was, wenn es gut wird?

Oder genauer: Was, wenn der Tag schön wird? Was, wenn XY positiv reagiert? Was, wenn es gut ausgeht? Sie müssen auf diese Frage nicht unbedingt eine Antwort finden. Sie dient in erster Linie dazu, Ihre fixen Vorstellungen zu lockern, sich innerlich zu öffnen und wieder neugierig auf das zu sein, was passiert. Noch besser, Sie denken diese Frage weiter:

🌿 Was wünsche ich mir denn tatsächlich?

Sie denken also nicht länger darüber nach, was Sie nicht wollen und was nicht passieren soll, sondern darüber, was Sie sich stattdessen wünschen. Was könnte im besten Fall passieren? Was wäre eine echte Überraschung?

Konzentrieren Sie sich dabei auf das Endresultat – auf das, was letzten Endes herauskommen sollen – und nicht so sehr darauf, wie es zu diesem Ergebnis kommen soll. Beispielsweise denken Sie nicht, *wie* der Tag doch noch schön wird, sondern *dass* er doch noch schön wird. Nicht wie der Partner genau reagiert, sondern dass Sie gemeinsam eine gute Lösung finden. Nicht wie und wann Sie ein gutes Ergebnis erzielen, sondern dass Sie es schaffen.

Wenn Sie dem Leben nicht nur offen begegnen, sondern auch noch einen Schritt entgegen gehen wollen, dann fragen Sie sich außerdem:

🌿 Was könnte ich denken, sagen oder tun, damit sich die Situation gut entwickelt?

Bitten Sie um innere Führung in dieser Situation, holen Sie sich Rat bei Ihrem weisen Teil. Dann tun Sie, was immer sich in dem Moment gut, richtig und stimmig anfühlt.

Lassen Sie sich überraschen, was das Leben tatsächlich bringt, wenn Sie offen sind und bereit sind, kleine Wunder zuzulassen. Ich wette, Sie werden nicht selten staunen.

Wer nicht an Wunder glaubt, ist kein Realist.

David Ben-Gurion

P

WIE PERSPEKTIVENWECHSEL

Intention: Ich verändere immer wieder meine Perspektive.

Auf einem Seminar, das ich vor einigen Jahren besuchte, kam am dritten Tag die Trainerin in der Früh bei der Tür herein und sagte in die Runde von fünfzig Teilnehmern: „Wer heute am selben Platz sitzt wie gestern und vorgestern, der hebt bitte die Hand." Vierundvierzig Hände schnellten in die Luft – eine davon war meine. Wohlgemerkt gab es keine vorgeschriebene Sitzordnung – immerhin gab es ein paar, die offensichtlich untereinander den Platz getauscht hatten. Damals mussten wir uns alle einen völlig anderen Platz suchen – also zum Beispiel statt vorne hinten und statt links rechts im Raum sitzen, um das Seminar am letzten Tag aus einer anderen Perspektive zu erleben.

Das Ganze war eine sehr anschauliche Demonstration für das, was üblicherweise im Alltag passiert. Die meisten von uns sind Gewohnheitstiere – sei es, dass wir denselben Weg in die Arbeit wählen, denselben Schreibtischplatz, denselben Supermarkt, dieselben Lokale, dieselbe Sitzordnung am Esstisch oder dieselbe Schlafseite im Bett. Noch entscheidender: Wir wählen immer denselben Blick auf uns selbst, auf unser Leben, auf unsere Mitmenschen und auf etwaige Schwierigkeiten. Das macht Veränderung unendlich schwer – für uns selbst ebenso wie für alle anderen, die beteiligt sind. Das Leben kann uns nicht anders begegnen, wenn wir es immer aus der gleichen Perspektive angehen.

Routinen sind natürlich nicht immer schlecht. Beim Autofahren bin ich zum Beispiel sehr froh, dass ich das mittlerweile quasi im Schlaf kann. Ich muss nicht mehr denken „Linker Fuß kuppeln, gleichzeitig rechter Fuß runter vom Gas, rechte Hand auf den Schalthebel, schalten, rechte Hand wieder ans Lenkrad, linken Fuß vorsichtig von der Kupplung lösen und rechter Fuß wieder aufs Gas". Was hochkomplex ist, geht dank Routine von allein. Der Philosoph Gerd B. Achenbach hat einmal gesagt: „Routine ist der Schlaf des Denkens." Demnach sind Routinen großartig, um unser Gehirn zu entlasten, zu tun, was wir schon oft getan haben und auf einem eingeschlagenen Kurs zu bleiben. Das macht logischerweise nur Sinn, solange der Kurs stimmt und wir uns dabei nicht zu Tode langweilen. Wenn es allerdings darum geht, Probleme zu lösen, zu wachsen und neue Wege einzuschlagen, müssen wir nicht nur denken, sondern vor allem in der Lage sein, gewohnte Denkbahnen zu verlassen. Folgende Tricks können Ihnen dabei helfen.

Gewohnte Denkbahnen verlassen

Regelmäßig Routinen verändern

Denken Sie daran, immer wieder Ihre Routinen zu verändern und Neues auszuprobieren. Dadurch trainieren Sie Ihr Gehirn und verhindern, dass es schläft, wenn Sie es brauchen. Das muss nichts Großartiges sein. Putzen Sie beispielsweise mit der linken Hand Zähne, wählen Sie einen anderen Nachhauseweg, tauschen Sie einmal die Bettseite oder Ihren Essplatz, stellen Sie Ihre Möbel um oder gehen Sie in einen anderen Supermarkt.

Erlauben Sie sich außerdem, öfters aus Ihrem üblichen Alltagstrott auszubrechen und machen Sie irgendetwas Ungewohntes, Spontanes oder Neues. Testen Sie ein Restaurant, besuchen Sie eine Ausstellung oder probieren Sie eine neue Sportart. Kehren Sie irgendwo spontan auf einen Latte Macchiato ein, machen Sie nach der Arbeit noch einen Spaziergang im Grünen oder tanzen Sie zu Ihrer Lieblingsmusik. Das sind natürlich alles nur Vorschläge. Sie wissen, worum es geht, und Sie haben sicher noch viel bessere Ideen, die Ihnen gefallen und auf die Sie Lust haben. Schauen Sie auf Ihre Begeisterungsliste, dort werden Sie auch fündig.

- ❧ Was will ich nächste Woche anders machen? Welche meiner Routinen möchte ich verändern?
- ❧ Was will ich nächste Woche Ungewohntes, Spontanes oder Neues tun?
- ❧ Was will ich nächste Woche von meiner Begeisterungsliste in mein Leben integrieren?

Die Sichtweise verändern
Manchmal sehen wir den Wald vor lauter Bäumen nicht. Um Probleme zu lösen, die Hürden des Alltags zu meistern und neue Möglichkeiten zu entdecken, reicht oft schon ein neuer Blickwinkel. Andere Sichtweisen machen weise, heißt es. Aus der Vogelperspektive schauen die Dinge ganz anders aus als aus der Ameisensicht. Etwas praktischer: Stellen Sie sich vor, wie ein Problem oder eine Situation von „oben" betrachtet aussieht. Fragen Sie sich:

- ❧ Was könnte mein Schutzengel, der alles im Blick hat, erkennen?
- ❧ Was würde mir mein Höheres Selbst, das alle Zusammenhänge überblickt, in dieser Situation raten?

Oft reicht schon ein kurzer Blick von „außen", um eine Lösung zu erkennen. Aus unserer Haut können wir nun mal nicht so leicht schlüpfen, doch ein einfacher Trick besteht darin, den „Nachdenk-Platz" zu verändern. Setzen Sie sich z. B. auf die andere Seite Ihres Schreibtisches oder stellen Sie sich in die

Ecke Ihres Zimmers und schauen Sie sich das Problem aus dieser Perspektive an.

Eine andere Variante dieser Übung haben Sie schon unter G kennengelernt: Sie schlüpfen gedanklich in die Position eines anderen Menschen. Stellen Sie sich Ihren persönlichen Mentor oder Ratgeber vor und befragen Sie ihn/sie zu Ihrem Thema. Es reicht wirklich oft aus, sich jemanden vorzustellen und dessen Perspektive zu erfragen, um neue Einsichten zu gewinnen. Schreiben Sie dazu zunächst alle Fragen auf, die Ihnen zu Ihrer Situation oder Ihrem Problem in den Sinn kommen. Fragen, auf die Sie gerne Antworten hätten. Zensurieren Sie sich dabei nicht selbst. Jede Frage ist erlaubt, keine ist dumm.

Laden Sie gedanklich Ihren „persönlichen Ratgeber" ein, den Menschen, der Ihnen in dieser Angelegenheit weiterhelfen kann. Lassen Sie sich überraschen, wer Ihnen als erstes in den Sinn kommt – vielleicht ist es eine bekannte Persönlichkeit, ein weiser Meister, Ihr Schutzengel, eine Comic-Figur, eine Vertrauensperson, ein Verstorbener, der Ihnen nahestand, oder jemand ganz anderer. Wer auch immer als Erstes in Ihren Gedanken auftaucht, wird Ihnen in diesem Fall weiterhelfen können, vertrauen Sie darauf. Stellen Sie Ihre Fragen und seien Sie offen dafür, Antworten zu erhalten. Das geht genauso wie mit Ihrer inneren Führung (siehe I). Manchmal können Sie die Antwort förmlich hören oder Sie sehen ein Lösungsbild oder Sie fühlen einfach, was jetzt richtig ist. Notieren Sie die Antworten.

Selbstverständlich mussen und sollen Sie nicht alles ungefiltert übernehmen. Überprüfen Sie die Sichtweise und die Ratschläge, die aufgetaucht sind, und richten Sie sich nach dem aus, was sich gut und stimmig für Sie anfühlt.

Die Situation verschlimmern

Wenn wir vor einem Problem stehen oder in einer Situation feststecken und nach einer Lösung suchen, sind wir oft blo-

ckiert oder haben das Gefühl, selbst nichts an der Sache verändern zu können. Dann heißt es zum Beispiel „Ich bin nicht
glücklich", „Ich streite ständig mit meinem Partner" oder „Ich
bin ununterbrochen im Stress" und „Ich weiß nicht, was ich
dagegen unternehmen soll. Ich kann nichts tun. Irgendwie
komme ich aus der Nummer nicht raus". In solchen Fällen
lohnt es sich, den Spieß umzudrehen und sich die vielleicht
etwas absurde Frage zu stellen: „Was kann ich tun, um mein
Problem absichtlich am Leben zu halten und es sogar noch zu
verschlimmern?"

Also: „Was kann ich jetzt tun, um unglücklicher zu werden?", „Wie kann ich mit meinem Partner noch öfter streiten?" oder „Was kann ich tun, um noch mehr Stress zu haben?" Auf diese Weise wird oft sehr schnell deutlich, wie wir
selbst aktiv Probleme erzeugen und aufrechterhalten. Im
Umkehrschluss erkennen wir, was wir unterlassen müssen
– natürlich nur für den Fall, dass wir das Problem wirklich
loswerden wollen.

Denken Sie an ein Problem oder an etwas, das in Ihrem
Leben nicht wirklich gut funktioniert. (Wenn Ihnen gerade
nichts einfällt, werfen Sie einen Blick zurück an den Anfang –
unter A Punkt 2 haben Sie sich schon einmal mit den Lebensbereichen beschäftigt, die nicht so perfekt laufen, picken Sie
sich einen Punkt heraus.) Fragen Sie sich:

🌱 Was kann ich tun, um es schlimmer zu machen?

Sie dürfen an dieser Stelle richtig destruktiv denken! Listen
Sie alles auf, was Ihnen einfällt – selbst wenn es ganz absurd klingt oder etwas ist, was Sie nie tun würden. Im An-
schluss betrachten Sie das Ergebnis. Markieren Sie, was Sie
davon jetzt schon tun, wenn auch vielleicht in geringerem
Ausmaß, und was Sie vielleicht nicht tun, sich aber oft denken oder am liebsten tun würden. Zu guter Letzt überlegen
Sie, was Sie davon künftig besser bleiben lassen sollten und
schließen Sie einen Pakt mit sich:

🌲 Ab heute werde ich Folgendes anders machen:

....

....

Ganz wichtig: Seien Sie nicht gleich völlig frustriert und hauen Sie nicht alles wieder über den Haufen, wenn sich die Erfolge im Außen nicht sofort zeigen. Manchmal dauert es eine Weile, bis sich die äußeren Gegebenheiten an unser verändertes Sein anpassen. Durchhalten ist gefragt.

Sich mit etwas anderem beschäftigen

Vielleicht der bequemste, aber sicher nicht der schlechteste Weg, um ein Problem zu lösen, eine bessere Herangehensweise zu erkennen oder die richtige Antwort zu finden, ist, Abstand zu gewinnen, indem Sie sich mit etwas völlig anderem beschäftigen.

Sicherlich kennen Sie das: Irgendetwas fällt Ihnen nicht ein. Zum Beispiel der Name einer Person oder ein Filmtitel. Er liegt Ihnen auf der Zunge. Sie wissen, dass Sie den Namen kennen, aber er kommt Ihnen nicht in den Sinn. „Gleich hab ich's", denken Sie sich. „So ähnlich wie …, aber nein, das ist es nicht!" Sie denken und denken … Nichts. Bis Sie aufgeben. An etwas völlig anderes denken und sich anderweitig beschäftigen. Ganz plötzlich – aus heiterem Himmel – fällt Ihnen der verflixte Name ein.

Loslassen ist oft ein wahres Zaubermittel. Es wirkt auch und gerade dann, wenn Sie gedanklich in einem Problem feststecken. Es wirkt, wenn Sie vor wichtigen Entscheidungen stehen und Sie Ihre innere Stimme nicht mehr hören oder nicht mehr unterscheiden können, was der Kopf sagt und was das Herz. Es wirkt, wenn Sie einen kreativen Einfall brauchen für ein Arbeitsprojekt, für ein Kochrezept oder für ein Geschenk. Nehmen Sie sich eine Auszeit vom Problem oder dem Thema, das Sie so beschäftigt und gefangen hält. Machen Sie einen Spaziergang. Gehen Sie joggen oder zum Yoga. Hören Sie Musik. Lesen Sie eine Zeitschrift. Plaudern Sie mit der Nachbarin. Was auch immer es ist, es sollte nichts – nichts! – mit dem zu tun haben, was Ihnen Kopfzerbrechen bereitet. So schalten Sie die bewusste Grübelei ab und lassen Ihr Unterbewusstsein arbeiten. Noch besser – das geht natürlich nur, wenn genug Zeit ist – schlafen Sie darüber. Schreiben Sie das Problem oder eine Frage, die Ihnen am Herzen liegt, unmittelbar vor dem Einschlafen auf, legen Sie das Aufgeschriebene auf Ihr Nachtkästchen und bitten Sie darum, über Nacht eine Lösung zu finden. Hören Sie auf zu grübeln, Sie haben damit alles getan, was jetzt zu tun ist.

Wenn Sie auf diese Weise lockerlassen, fällt Ihnen die Lösung vielleicht ganz spontan ein – so wie der entfallene Name. Sie taucht wie aus dem Nichts auf. Sie träumen davon oder wissen nach dem Aufwachen Bescheid. Wenn nicht, konzentrieren Sie sich nach Ihrer Auszeit – am besten, wenn Sie sich (wieder) richtig gut fühlen – noch einmal ganz bewusst auf das Thema, und es eröffnen sich mit Sicherheit neue Perspektiven.

Es gibt nur zwei Möglichkeiten,
mit angespannten Situationen umzugehen:
Du kannst sie verändern, oder du kannst deinen
Blickwinkel darauf verändern. Erleuchtung erlangt man
durch den Wechsel des Blickwinkels.

Paul Wilson

WIE QUINTESSENZ

Intention: Ich mache mir bewusst, was wirklich zählt in meinem Leben.

Wissen Sie noch, was Sie gerade gemacht haben, als Sie die Nachricht von Lady Dianas Unfalltod hörten? Wo Sie am 11. September 2001 waren, als das World Trade Center einstürzte? Oder wie Sie vom Tsunami im Indischen Ozean im Dezember 2004 erfuhren? Die meisten Menschen können sich noch ziemlich genau daran erinnern, unter welchen Umständen sie solche weltbewegenden Nachrichten erhalten haben. So etwas vergessen wir nicht. Ganz zu schweigen von den Hiobsbotschaften, die uns unmittelbar betreffen. Sei es, dass plötzlich jemand im näheren Bekanntenkreis stirbt, ernsthaft krank wird oder ein schweres Unglück erleidet, oder uns das Schicksal höchstpersönlich massiv beutelt. In einem einzigen Augenblick kann das Leben, so wie wir es gewohnt sind, für alle Zeit vorbei sein.

Abgesehen davon, dass uns diese Momente für immer lebhaft in Erinnerung bleiben, öffnen sie meist schlagartig den Blick für das, was wesentlich und wirklich wichtig ist im Leben – für die Quintessenz. Wenn uns bewusst wird – und manchmal braucht es dazu eine echte Krise –, wie endlich das Leben ist, fällt uns ein, dass wir dankbar sein sollten für jeden Augenblick, den wir geschenkt bekommen (siehe D), und dass wir die begrenzte Zeit, die wir hier zu Verfügung haben, vielleicht doch besser nutzen sollten, statt sie mit Nebensächlichkeiten zu vergeuden. Lassen wir daher jetzt einmal allen

Firlefanz beiseite und beschäftigen wir uns mit der Quintessenz – mit dem, was für Sie im Leben wirklich zählt.

Die folgenden Fragen sollen Ihnen dabei helfen, das herauszufinden:

🌿 Vollenden Sie mehrmals hintereinander spontan den Satzanfang:
Das Wichtigste im Leben ist …
Das Wichtigste im Leben ist …
und so weiter.
Wiederum geht es um Sie – also nicht darum, was wichtig sein sollte oder was andere wichtig finden, sondern was für Sie die Quintessenz im Leben ist. Lassen Sie Ihr Herz sprechen. In der Regel ist es nicht eine „Sache", sondern Ihre ganz persönliche Mischung, auf die es ankommt.

🌿 Was tue ich für das Wichtigste?
Angenommen, einer Ihrer Punkte lautet „Gesundheit". Dann heißt die Frage: Was tue ich für meine Gesundheit? Oder eben: Was tue ich für die Liebe, dafür, glücklich zu sein, mir selbst treu zu sein, für meine Familie, für menschliche Nähe, für spirituelles Wachstum oder was immer bei Ihnen unter Punkt 1 steht.
Diese Frage lässt sich natürlich erweitern: Inwiefern gefährde ich das Wichtigste? Das heißt, wie setzen Sie beispielsweise Ihre Gesundheit aufs Spiel?
Und noch entscheidender: Was könnte ich für das Wichtigste tun?
Z. B. der Gesundheit zuliebe Zucker drastisch reduzieren, mehr zu Fuß gehen, öfters Stiegen steigen und sich Erholungspausen gönnen.

🌿 Woran erinnere ich mich? Welche Momente meines bisherigen Lebens haben mir wirklich etwas bedeutet? Wann habe ich mich in den vergangenen Jahren wirklich lebendig gefühlt?

Welche Zeiten meines Lebens waren die schönsten? Und weshalb? Welche Zeiten meines Lebens mochte ich am wenigsten? Und weshalb?

Oberflächlich betrachtet werden die Antworten hier vielleicht sehr unterschiedlich ausfallen. Doch was immer es genau ist, was zählt und bleibt, sind die Augenblicke des Lebens, in denen wir mit Herz und Seele dabei sind. Durch meine Antworten auf diese Fragen wird mir immer wieder bewusst, dass erstens in schönen Zeiten nicht unbedingt etwas Weltbewegendes passiert sein muss. Im Gegenteil, oft sind es kleine Momente, die mich tief berühren, und die Summe dieser Momente macht dann eine schöne Zeit aus. Zweitens, Schönes und Schmerzvolles liegen in meinem Leben oft sehr nah beieinander – etwas, was einmal sehr schön war, war später mit Leid verbunden, und umgekehrt hat etwas, was leidvoll war, zu wirklich Schönem geführt. Drittens, die schmerzhaften Zeiten sind überraschenderweise nicht unbedingt die, die ich am wenigsten mag. Natürlich muss ich diese Phasen nicht noch einmal erleben und manches davon hätte ich mir ganz gerne erspart, doch sie gehören zum Leben – zu meinem Leben. Die Phasen, die ich am wenigsten mochte, sind vielmehr die, in denen mein Leben wie ein grauer Einheitsbrei verlief. Wie ist das bei Ihnen?

Wenn Sie sich Ihre Antworten anschauen, werden Sie schnell erkennen, wann Sie mehr gelebt werden, als dass Sie selbst leben und wann Sie mit Herz und Seele dabei sind und sich wahrhaftig lebendig fühlen. Vielleicht stellen Sie jetzt erschüttert fest, wie selten letzteres der Fall ist oder dass Sie sich überhaupt nur noch vage daran erinnern können, wie es ist, sich richtig zu spüren. Die Zeiten, in denen ein Tag wie der andere verläuft, gar nichts Besonderes passiert und wir auf Autopilot unterwegs sind, versinken schnell im Sumpf der Vergessenheit. Aufstehen, arbeiten gehen und/oder den Haushalt schupfen, erledigen, was erledigt werden muss, essen, schlafen gehen und am nächsten Tag das gleiche von vorne. Immer wieder ein und dasselbe. Und täglich grüßt das Murmeltier. Übrig bleibt das Gefühl, dass das nicht alles sein kann. Leben fühlt sich doch ganz anders an.

Die meisten Menschen kennen den Knackpunkt und wissen in Wahrheit, was zu tun wäre, um ihrem Leben wieder mehr Leben einzuhauchen, denken aber aus unterschiedlichen Gründen, dass das nicht geht. Vielleicht schreien Sie innerlich entrüstet auf: „Wenn ich könnte, würde ich ja ganz anders. Aber wie soll ich bei meinem Job (oder bei meinen Kindern, in meiner Ehe, bei meiner finanziellen Lage …) …" Hier kann es sehr hilfreich sein, sich die eigene Endlichkeit vor Augen zu führen. So seltsam das für manche Ohren klingen mag, der Tod ist ein ganz wichtiger Teil, der uns einem erfüllten Leben näher bringen kann. Berührende Worte hat Steve Jobs zu diesem Thema gesprochen: „Mir meines eigenen baldigen Todes bewusst zu werden, ist das wichtigste Werkzeug, das ich jemals entdeckt habe, um mir bei den großen Entscheidungen im Leben zu helfen. Alle äußerlichen Erwartungen, aller Stolz, alle Furcht vor peinlichen Situationen oder Misserfolgen – alle diese Dinge entfallen im Angesicht des Todes und lassen nur das wirklich Wichtige übrig. Das Bewusstsein für den eigenen Tod ist meines Wissens der beste Ausweg aus der Falle, zu denken, dass man etwas zu verlieren hätte. Ihr seid bereits nackt. Es gibt keinen Grund, nicht eurem Herzen zu folgen."

✿ Mit welchem Gefühl möchte ich diese Welt verlassen? Was möchte ich rückblickend über mein Leben sagen?
Bleiben Sie bei dieser Frage nicht nur an der Oberfläche. Vermutlich wird jeder Mensch sagen: „Ich möchte glücklich sterben und zufrieden auf mein Leben zurückschauen."

Aber was wollen Sie bis dahin noch erleben, um das sagen zu können? Eine schwere Frage, ich weiß. Doch ist sie ein Schlüssel für ein als wesentlich erlebtes Leben. Stellen Sie sich vor, Sie erzählen Ihren Enkeln (oder wem auch immer) in groben Zügen, was Sie, vom heutigen Tag an, erlebt haben. Denken Sie sich den Rest Ihrer idealen Lebensgeschichte aus. Lassen Sie Ihrer Fantasie freien Lauf und schreiben Sie all das auf, was Sie rückblickend über Ihr Leben erzählen und wie Sie sich fühlen wollen.

✿ Was brauche ich wirklich in meinem Leben?

Hier geht es um das, was Sie brauchen und was wirklich unverzichtbar ist in Ihrem Leben. Anders gesagt: Wenn Sie diese Dinge, Menschen oder Erlebnisse nicht hätten, wären Sie unzufrieden und würden sich immer nach ihnen sehnen. Oder Sie würden es am Ende bereuen, wenn Sie verabsäumt hätten, diese Menschen kennenzulernen oder Zeit mit ihnen zu verbringen oder bestimmte Erfahrungen (z. B. eine Reise, einen Kurs, einen Jobwechsel) gemacht zu haben. Denken Sie gar nicht lange nach. Nehmen Sie sich Block und Stift und schreiben Sie einfach drauflos.

Viele ältere oder im Sterben liegende Menschen haben schon weise Worte für die Nachwelt hinterlassen, was sie anders machen würden, könnten sie noch einmal leben. So unterschiedlich die Worte sein mögen, die Quintessenz ist im Grunde immer dieselbe: Könnte ich mein Leben nochmals leben, würde ich intensiver leben und jeden Augenblick in vollen Zügen auskosten. Statt es anderen recht machen, Erwartungen entsprechen oder perfekt sein zu wollen, würde ich mich entspannen und dem nachgehen, was mir Freude macht. Statt auf andere Menschen zu hören und mir den Kopf zu zerbrechen, was sie über mich denken, würde ich auf mein Herz hören. Ich würde mehr riskieren und mir weniger Sorgen machen, hätte weniger Angst vor Fehlern und ließe mich von Rückschlägen nicht unterkriegen. Meine ganze Kraft und Energie würde ich dafür verwenden, authentisch zu sein und so zu leben, wie es mir entspricht. Ich würde nicht sagen „Das geht nicht" und „Das kann man nicht machen", sondern würde die Dinge auf meine Weise anpacken. Statt Angst zu haben vor Veränderungen, wäre ich neugierig auf das, was durch die Veränderung Neues kommt. Ich hätte mehr Vertrauen in das Leben und in das, was es mir schenkt. Ich würde weniger rund um die Uhr arbeiten, weniger putzen und weniger Diät halten und mehr das Leben feiern, wie es kommt, viel öfters von Herzen lachen und mir mehr Zeit nehmen für echte Freunde. Meinen Liebsten würde ich öfters zeigen, wie viel sie mir bedeuten – mit einer Umarmung, einem Kuss, einer Aufmerksamkeit oder einem „Ich liebe dich". Ich würde nicht mehr denken „Das mache ich irgendwann", sondern nach dem Motto leben „Wenn nicht jetzt, wann dann". Jeden Tag würde ich leben, als ob es mein letzter wäre.

Das sind grob zusammengefasst die üblichen Kernaussagen. Keine davon ist wirklich überraschend, was wohl daran liegt, dass wir intuitiv sehr genau wissen, was ein glückliches und erfülltes Leben ausmacht. Wer diesem inneren Wissen nicht nachgegangen ist, bereut das am Ende, doch dann ist es – zumindest für dieses Leben – zu spät. Warum also erst warten, bis der Tod an die Tür klopft? Warum nicht schon heute, hier und jetzt, intensiv leben und jeden Augenblick genießen?

Das sagt sich so einfach und funktioniert manchmal ja auch eine Weile. Doch dann … ist die Gefahr groß, wieder in den üblichen Alltagstrott und die Selbstverständlichkeit zu verfallen und zu verdrängen, dass es vielleicht kein Morgen mehr gibt oder kein nächstes Jahr und wir nicht wissen, wie viele Chancen uns das Leben noch schenkt, um richtig zu leben. Wenn Sie das nicht vergessen wollen, dann sorgen Sie für eine Erinnerung. Sie können sich beispielsweise einen Knoten ins Taschentuch machen, sich täglich ein Erinnerungsmail schicken oder ein Post-it mit „Carpe diem" an den Kühlschrank hängen. Bei mir ist es ein Ring meiner Großmutter, der mich nicht vergessen lässt, mein Leben täglich zu nutzen, jeden Tag aufs Neue.

Vergeude nie die Zeit.
Der heutige Tag verbürgt nicht den morgigen.
Chinesische Weisheit

R

WIE RITUAL

Intention: Ich habe Rituale und Gewohnheiten, die mir helfen, meine Wünsche zu verwirklichen.

Meine Mutter musste die Bettdecke um meine Füße einschlagen, mir und meinen drei Lieblingsstofftieren, die ich alle eng umschlungen im Arm hielt, eine Geschichte vorlesen und uns allen vieren ein Gute-Nacht-und-Träumt-schön-Bussi geben. So ging das jeden Abend. In meiner Kindheit war dieses Ritual die Voraussetzung, dass ich glücklich und zufrieden einschlafen konnte. Das ist mittlerweile ein bisschen anders. Doch gibt es noch immer Rituale in meinem Leben – darunter auch Rituale, die für meine Wünsche und Vorhaben sehr förderlich sind. Jetzt fragen Sie sich vielleicht, was mit Ritual genau gemeint ist. Manche denken bei dem Wort an kirchliche Zeremonien wie Eucharistie, Taufe oder Hochzeit, andere an Voodoo-Zauber und Geisterbeschwörungen und andere wiederum an einfache Alltagsrituale wie Teetrinken, Zeitunglesen oder kalt-warmes Wechselduschen. Hier geht es in erster Linie um letztere – um Ihre ganz persönlichen Rituale, die Sie in Ihrem Leben haben. Was genau ein Ritual ist und was nicht, lässt sich allerdings nicht so leicht festlegen, denn es geht dabei weniger darum, was Sie tun, sondern wie Sie etwas tun. Einfach gesagt ist ein Ritual eine Handlung mit einem geregelten, wiederholbaren Ablauf – etwas wird auf immer wiederkehrende Weise getan oder gesagt. Das ist bei Gewohnheiten genauso. Gewohnheiten laufen jedoch eher automatisch ab, ohne Aufmerksamkeit und ohne dass das

Ganze eine größere Bedeutung hätte. Bei einem Ritual sind wir hingegen präsent und aufmerksam, wir zelebrieren etwas und sehen etwas Besonderes darin. Ein Ritual kann schnell zur Gewohnheit werden und umgekehrt eine Gewohnheit zu einem Ritual. Die Grenzen sind schwimmend. Aus Gewohnheit mache ich mir beispielsweise in der Früh einen Kaffee und trinke ihn, während ich meine E-Mails checke. Ohne dass ich es mitbekomme, ist die Tasse leer und ich hole mir eine zweite. Kaffeetrinken kann bei mir genauso gut ein Morgenritual sein; dann, wenn ich mir Sojamilch aufschäume und einen Cappuccino zubereite, genüsslich den Schaum mit dem Kakaopulver löffele und jeden Schluck genieße. Aus Gewohnheit dusche ich vor dem Schlafengehen. Daraus wird ein Ritual, wenn ich mich im Dunkeln unter meine Lichtdusche – der Brausekopf strahlt in verschiedenen Farben – stelle, ein Duschgel mit ätherischen Ölen verwende und mir vorstelle, wie aller Schmutz und aller Stress, der sich im Laufe des Tages angesammelt hat, von mir abfließt.

Die eigenen Gewohnheiten und Rituale unter die Lupe zu nehmen, lohnt sich, denn es sind nicht so sehr die Dinge, die Sie einmal tun, die Ihr Leben massiv beeinflussen. Was Sie erleben und wie sich die Dinge entwickeln, hängt vielmehr davon ab, was Sie immer und immer wieder tun. Das heißt von Ihren täglichen Angewohnheiten. Das „Immer-Wiederkehrende" gibt Halt und Sicherheit und das ist durchaus gut. Weniger gut ist es, wenn Sie die Dinge nur aus purer Gewohnheit tun, ohne sie zu genießen und dabei im Hier und Jetzt präsent zu sein. Problematisch wird es, sobald Ihre täglichen Gewohnheiten gegen Ihre Wünschen und Vorhaben arbeiten. Sagen wir, Sie wollen Ihre Figur verbessern und mehr Bewegung machen, haben aber die Angewohnheiten, jeden Abend vor dem Fernseher zu sitzen und dabei pausenlos zu essen. Oder Sie wollen eine bessere Partnerschaft, sprechen aber beim Frühstück mit Ihrem Partner immer nur über den Alltagsablauf, beim Abendessen lesen beide Zeitung und den Rest der Zeit geht jeder seinen eigenen Weg. Oder Sie wollen innere Ruhe finden, haben aber die Angewohnheit, ununterbrochen etwas tun zu müssen und sich zu beschäftigen. Auf diese Weise werden Wünsche blockiert.

Gewohnheiten bestimmen unser Leben, ob wir das wollen oder nicht. Hat sich ein Verhalten einmal eingeschliffen, ist es schwer zu verändern, auch wenn wir uns das fest vornehmen. Aus der Gehirnforschung wissen wir, dass sich durch Gewohnheiten neuronale Autobahnen herausbilden. Wie wir reagieren oder etwas tun, hat sich auf irgendeine Weise in der Vergangenheit bewährt, so dass wir automatisch immer wieder auf die ausgetretenen Pfade zurückkehren – egal ob das nun in der momentanen Situation gut ist oder nicht; egal ob uns das unseren Wünschen und Vorhaben näherbringt oder nicht. Aus diesem Grund fällt es schwer, typische Verhaltensweisen aufzugeben. Sie müssen Ihr Gehirn regelrecht umprogrammieren, und es dauert mindestens 21, besser 30 Tage, um alternative neuronale Autobahnen auszubauen und eine neue Gewohnheit zu etablieren. Ab diesem Zeitpunkt fällt Ihnen das Neue leicht. Die Gewohnheit wird zum Selbstläufer.

Wer beispielsweise angefangen hat, regelmäßig zu joggen, verspürt irgendwann automatisch den Drang, laufen zu gehen, und muss sich nicht mehr groß überwinden. Oder wer sich angewöhnt hat, gesund zu essen, hat ganz von alleine immer mehr Gusto auf etwas Gesundes. Bevor Sie jetzt frustriert darüber nachdenken, was Sie sich in dieser Hinsicht nicht schon alles vorgenommen und doch nie eingehalten haben, eine kleine Erinnerung: Hier geht es nicht um irgendwelche Dinge, die Sie idealerweise regelmäßig tun sollten und die irgendwie ganz gut wären. Hier geht es um Gewohnheiten und Rituale, die Sie brauchen, um Ihre Wünsche und Vorhaben zu verwirklichen. Schauen wir uns das näher an.

Der Gewohnheits-Check

❧ Welche Gewohnheiten und welche Rituale habe ich zurzeit in meinem Alltag?

Möglicherweise wird es Ihnen schwerfallen, zwischen Gewohnheiten und Ritualen zu unterscheiden. Das macht nichts. Sie entscheiden, wie Sie eine immer wiederkehrende Routine bezeichnen wollen. Machen Sie sich nur bewusst, was für Sie persönlich der Unterschied zwischen Gewohnheit und Ritual ist. Vielleicht ist auch ein einstiges Ritual bei Ihnen mittlerweile zu einer Gewohnheit geworden oder umgekehrt.

❧ Welche meiner Gewohnheiten und Rituale sind für meine Wünsche und Vorhaben förderlich und welche hinderlich?

Was tut mir gut und hilft mir, meinen Alltag zu meistern, und womit blockiere ich mich selbst?

Denken Sie an Ihre Wünsche und Vorhaben. Machen Sie neben jede Gewohnheit bzw. jedes Ritual ein „+" (= gut für meine Wünsche), eine „0" (= neutral) oder „–" (= hinderlich). Bekanntlich macht manchmal die Menge das Gift. Während zum Beispiel eine Rippe Schokolade als Belohnungsritual durchaus gut tut und der Idealfigur nicht unbedingt schadet, führt eine ganze Tafel, die auf einen Satz weg ist, zu Frust, Unzufriedenheit und auf Dauer zu Übergewicht. Während 15 Minuten Facebook am Tag sicher nicht schädlich sind, kann stundenlanges Social Networking unseren eigenen Plänen ganz schön im Weg stehen. Achten Sie daher darauf, wo ein „Zuviel" das Problem ist.

Entscheidend für Ihr Leben ist, was Sie wieder und immer wieder tun. Das heißt, Sie müssen einerseits hinderliche Gewohnheiten möglichst ablegen und sich anderseits förderliche Rituale aneignen. Um schlechte Gewohnheiten abzulegen, arbeiten Sie am besten mit der „Salamitaktik" – scheibchenweise kommt eine nach der anderen weg. Finden Sie zunächst eine Verhaltensweise, die Sie aufgeben wollen. Fassen Sie wirklich nur einen einzigen Vorsatz und verpflichten Sie sich für mindestens drei Wochen dazu, ihn umzusetzen. Nehmen Sie sich etwas vor, von dem Sie sich vorstellen können, es einzuhalten, und erst wenn Sie das geschafft haben, gehen Sie zur nächsten hinderlichen Gewohnheit über. Fragen Sie sich:

❧ Welche Gewohnheit müsste ich jetzt aufgeben, um eine spürbare Veränderung zu erleben?

Nehmen wir ein typisches Beispiel: Der Wunsch nach der Idealfigur. Vielleicht ist die schlimmste Gewohnheit das ständige Naschen zwischendurch oder die tägliche Schoko-Orgie. Vielleicht ist es der geliebte Wein oder literweise Cola. Vielleicht sind es Heißhungerattacken, weil das Frühstück ausgelassen wird. Viele Menschen lesen lieber den x-ten Artikel mit angeblich hilfreichen Tricks und alles über die neue Wunderdiät, fragen andere nach Geheimtipps oder probieren ein Erfolg versprechendes Abnehmprogramm aus, statt ihren Kardinalfehler zu beseitigen. Meist mit wenig Erfolg.

Ein anderes Beispiel: Ich hab die Angewohnheit, mich ständig abzulenken, wenn ich eigentlich konzentriert an meinem Buch schreiben will – ich sitze am Computer und surfe im Netz herum, checke jedes Mail, das hereinkommt, oder schau mir die Nachrichten auf Facebook an. Nicht sehr förderlich für meinen Wunsch, produktiv zu schreiben.

Der einfachste Weg, eine alte Gewohnheit zu überwinden, ist, sie durch eine neue zu ersetzen. Machen Sie sich eine genaue Vorstellung, was Sie stattdessen machen werden:

❧ Welche konkrete Alternative gibt es?

Finden Sie eine gesunde, sinnvolle und lebbare Lösung! Zwingen Sie sich nicht zu einer Alternative, auf die Sie gar keine Lust haben. Was nützt Ihnen der Vorsatz, ab jetzt immer Äpfel statt Schokolade zu essen, wenn Sie überhaupt keine Äpfel mögen. Entweder Sie finden einen guten Ersatz oder Sie machen ein bewusstes Ritual aus einer Rippe Schokolade – sprich Sie lassen jeden Bissen auf Ihrer Zunge zergehen und genießen ganz bewusst eine kleine Menge, statt Unmengen hinunterzuschlucken.

Mein „Schreibproblem" habe ich ebenfalls durch ein Ritual gelöst: Zuerst nehme ich mir bewusst 30 Minuten Zeit zum Mailchecken und Internetsurfen. Dann beende ich Safari und mein Mail, schalte wenn möglich mein Handy aus, zünde eine Kerze an und widme mich für die vorgenommene Zeit nur noch dem Schreiben. Das klingt banal, doch diese kleine Veränderung in meinen Gewohnheiten hat meine Schreibgeschwindigkeit ungemein erhöht.

Zu guter Letzt wollen wir uns noch anschauen, welche Rituale für Ihre Wünsche und Vorhaben sinnvoll sind. Welche Gewohnheiten brauchen Sie, um Ihre Träume zu verwirklichen?
⚘ Welche Rituale möchte ich mir angewöhnen?
Im Wachstums-ABC haben Sie schon zwei Rituale kennengelernt, die in jedem Fall einen positiven Effekt haben: das Dankbarkeits-Ritual (siehe D) und das Fokus-Ritual (siehe F). Unter dem Stichwort S wie Stille kommen wir noch zu einem Stille-Ritual. Finden Sie darüber hinaus persönliche Rituale, die für Ihre Wünsche förderlich sind. Angenommen, Sie wünschen sich eine glücklichere Beziehung, dann könnte das zum Beispiel sein: ein Abschiedskuss in der Früh, Ihre spezielle Art, „Ich liebe dich" zu sagen, ein wöchentlicher Partnerabend nur zu zweit ohne Ablenkung von außen, ein spezielles Massageritual und ein tägliches Gute-Nacht-Ritual. Oder Sie wollen mehr in Ihrer Mitte ruhen, dann könnte Ihre Liste lauten: sich in der Früh nach dem Aufstehen zentrieren und erden (Wurzeln in den Boden wachsen lassen), eine tägliche Meditation oder eine Atem-

übung machen, um sich mit Ihrem Zentrum zu verbinden, oder ein Notizbuch führen, um sich Dinge von der Seele zu schreiben. Seien Sie kreativ und sammeln Sie an dieser Stelle Ideen. Sie selbst bestimmen, welchen Inhalt, welchen Zweck und welche Bedeutung ein Ritual für Sie hat. Wenn Sie Ihr Ritual persönlich „aufladen", dann wirkt es.

Ich habe früher oft den Fehler gemacht, ganz euphorisch zu sein und mir tausend Dinge gleichzeitig vorzunehmen, was ich von nun an nicht alles „Neues" machen wollte. Meist hat es nicht lange gehalten. Wesentlich besser bin ich gefahren, wenn ich – wie bei den schlechten Gewohnheiten – auch die förderlichen Rituale der Reihe nach angegangen bin. Wenn Sie eine Perlenkette auffädeln, dann kommt eine Perle nach der anderen dran. Machen Sie es mit neuen Ritualen, die Sie in Ihr Leben integrieren wollen, genauso. Nehmen Sie sich nicht zu viel auf einmal vor, sondern legen Sie sich eine erfolgbringende Gewohnheit nach der anderen zu. Entscheiden Sie sich für ein Ritual, mit dem Sie beginnen möchten. Welche tägliche Gewohnheit würde Ihr Leben jetzt deutlich verbessern?

Sagen wir, es dauert jeweils einen Monat, bis sich eine neue Verhaltensweise etabliert hat, dann können Sie sich in einem Jahr zwölf neue Gewohnheiten zu eigen machen. Müßig zu sagen, wie sehr das Ihr ganzes Leben verändern wird.

> Gewohnheit heißt die große Lenkerin des Lebens.
> Daher sollen wir uns auf alle Weise erstreben,
> gute Gewohnheiten einzuimpfen.
>
> *Francis Bacon*

S

WIE STILLE

Intention: Ich nehme mir Zeit für Stille.

Nimm dir jeden Tag fünfzehn Minuten Zeit für Stille. Das erspart dir vieles. Es ist der schnellste Weg, um in deinem Leben wirklich etwas zu verändern." Diesen Rat hat mir vor vielen Jahren ein Meditationslehrer gegeben. Leider habe ich nicht gleich auf ihn gehört. Die Überforderung der Aufmerksamkeit ist eine der Hauptursachen für die meisten Probleme, und Stille ist das wirkungsvollste Heilmittel. Jeden Tag prasseln unzählige Informationen auf uns ein – durch andere Menschen, Internet, Zeitungen, Radio, Fernsehen und so weiter. Wir werden alle von anderen Menschen beeinflusst und hören ständig von irgendwo, wie wir angeblich sein sollen, was alles wichtig ist und wovor wir Angst haben müssen. Werbung, Nachrichten über Katastrophen, Finanzkrisen, politische Machtspiele, Verbrechen oder Unglücksfälle ebenso wie Tratsch und Klatsch oder destruktive Gespräche – das alles wirkt sich auf uns und unsere Stimmungslage aus. Ob uns das nun bewusst ist oder nicht. Selbst wenn wir gar nicht zuhören oder zusehen, bekommen wir unbewusst alles mit. Jede Information hinterlässt einen Eindruck in unserem Geist, denn unser Unbewusstes arbeitet rund um die Uhr wie eine Festplatte, die alles speichert. So prägen sich fremde Gedanken, Wünsche, Sehnsüchte, Ängste und Ähnliches ein, die unserem wahren Wesen gar nicht entsprechen. So verlernen wir, in uns hineinzuhören, um unsere wahren Empfindungen und Bedürfnisse festzustellen und danach zu handeln.

In der Stille, wenn alle Einflüsse von außen wegfallen, bleibt nur unser wahres Selbst über. Viele Menschen haben Angst davor: Angst vor den Gefühlen, den Sehnsüchten und den dunklen Seiten, die da auftauchen könnten. Angst vor der Leere. Angst davor, sich mit sich selbst zu langweilen. Viele haben sich schon so an den Stress und an den Lärm gewöhnt, dass sie die Stille gar nicht mehr aushalten. Ich selbst konnte früher keine fünf Minuten still sitzen und nichts tun. Statt inneren Frieden zu finden, lief mein Kopf auf Hochtouren, und mir ist immer irgendetwas eingefallen, was ich unbedingt sofort erledigen musste. Doch solange die Aufmerksamkeit ständig nach außen gerichtet ist und der Kopf völlig unkontrolliert vor sich hindenkt, sind wir innerlich voller Widersprüche und können keine klare Richtung einschlagen, geschweige denn unsere Seele hören und unsere Herzenswünsche verwirklichen. Solange wir vor der Stille davonlaufen, haben wir keinen Zugang zu dem Teil in uns, der wirklich Bescheid weiß – der weiß, was für uns gut, wesentlich, richtig und stimmig ist. Solange wir vor der Stille davonlaufen, laufen wir vor uns selbst davon.

Unter I wie Innere Führung haben wir schon darüber gesprochen, dass wir alle Antworten, die wir brauchen, in uns selbst finden, dass wir allerdings zur Ruhe kommen müssen, um unsere innere Weisheit wahrnehmen zu können. Wenn Sie in Ihren Alltag regelmäßig Momente der Stille einbauen, Momente, in denen Sie gar nichts tun und gar nichts wollen, dann wird Ihnen vieles klarer. Dann erst finden Sie heraus, was Sie wirklich wollen. Der Rückzug hilft Ihnen, aus dem Massenbewusstsein auszusteigen und sich abzugrenzen von dem, was andere denken, fühlen und wollen. Sie erkennen, was Sie im Leben fördert und was Sie an einem erfüllten Leben hindert, und Sie finden die Kraft, Altes hinter sich zu lassen und Neues zu wagen. In der Stille erwachsen neue Prioritäten, und so entsteht langsam aber sicher eine sich wandelnde Lebensführung.

Apropos Lebenswandel, das erinnert mich wieder an den Meditationskurs, den ich vor vielen Jahren besuchte. Dort saßen mit mir zehn Teilnehmer, die alle zu dem Kurs kamen, weil sie etwas gegen den Stress in ihrem Leben tun wollten. Jeder wünschte sich mehr innere Ruhe, Gelassenheit und Frieden. Am Schluss der ersten Stunde forderte uns der eingangs erwähnte Lehrer auf, in der kommenden Woche jeden Tag fünfzehn Minuten einfach nur still zu sitzen. Ohne bestimmte Absicht. Ohne bestimmtes Ziel. Ohne bestimmten Fokus. Einfach aufmerksam und neutral zu beobachten, was auftaucht, und alle Gedanken wie Wolken am Himmel vorbeiziehen zu lassen. Beim nächsten Treffen fragte der Lehrer, wie es uns allen denn so ergangen sei mit der Stille. Betretenes Schweigen. Keiner hatte die Hausaufgabe gemacht. Bei der Frage „Warum nicht?" waren wir uns alle einig: „Keine Zeit, zu viel Stress." Absurd, oder?

Wenn Sie ganz sicher wüssten, dass Sie selbst verantwortlich sind für Ihr Leben, und wenn Sie ganz sicher wüssten, dass Ihre Innenwelt – Ihre innersten Gedanken und Gefühle – Ihre Realität verursachen, was würden Sie tun? Würden Sie sich dann nicht zuerst um Ihre Innenwelt kümmern, statt vergeblich zu versuchen, die Außenwelt in den Griff zu bekommen? Es geht hier nicht darum, dass Sie perfekt meditieren und den Geist von allen Gedanken befreien müssen. Es geht hier darum, sich jeden Tag ein bisschen Zeit zu nehmen für sich selbst, um (wieder) in Kontakt mit Ihrem Wesenskern zu kommen. Sie können auf Ihre Art und Weise meditieren (Buchtipps finden Sie im Anhang) oder so wie oben beschrieben „einfach still sein". Ziehen Sie sich an einen ungestörten Ort zurück, schalten Sie bewusst alle äußeren Störquellen aus, setzen sich hin und beobachten Sie, was auftaucht. Nehmen Sie die Stille zwischen Ihren Gedanken wahr. Oder achten Sie auf die Stille zwischen Ihren Atemzügen. Was zählt, ist weniger, was Sie tun, sondern viel mehr, wie Sie sind: still und achtsam. Dafür brauchen Sie keine speziellen Techniken und keine strengen Regeln, richten Sie sich lieber danach, was Ihnen hilft, innerliche Ruhe zu finden. Nur eine Regel ist wichtig: Tun Sie es regelmäßig. Planen Sie zumindest fünfmal die Woche zu einem fixen Zeitpunkt mindestens fünfzehn Minuten Stille ein. Also zum Beispiel Montag bis Freitag jeden Tag vor dem Frühstück. In Ihre fünfzehn Minuten können Sie auch Ihr Fokus-Ritual (siehe F) und Ihre Visualisierungsübung (siehe A Punkt 3) integrieren. Machen Sie aus Ihrer Stille-Zeit ein Ritual (siehe R). Wir alle wissen, dass Dinge, die wir nicht fix einplanen und zu einem festen Bestandteil unseres Lebens machen, fast immer zu kurz kommen. Vor allem wenn Sie unter Stress stehen und viel zu viel zu tun haben, lohnt es sich, still zu werden und zuerst einen entspannten Ausgangspunkt zu finden. Gönnen Sie sich einen kurzen Rückzug in die Stille, bevor Sie wichtige Dinge erledigen. Wenn Sie in Ihrer Mitte sind, können Sie die Dinge klarer sehen, bessere Entscheidungen treffen und anders agieren. Ein paar Minuten Stille am Tag können Ihnen vieles ersparen.

Erwarten Sie bitte nicht gleich ein Wunder. Gerade am Anfang werden Sie vielleicht das Gefühl haben, dass das Stillsitzen gar nichts bringt. Ihr Geist braucht Zeit, um sich daran zu gewöhnen, und nachdem der Kopf keine Veränderung mag, wird er versuchen, Ihre Bemühungen zu boykottieren. Es ist vollkommen normal, dass in dieser Zeit Ihre Gedanken nicht vollkommen aufhören. Im Gegenteil, manchmal laufen sie in der Stille erst richtig auf Hochtouren. Verurteilen Sie sich nicht deswegen und nutzen Sie dieses Phänomen vor allem nicht als Ausrede, um wieder aufzuhören. Das ist eine großartige Gelegenheit, um sich darin zu üben, sich selbst anzunehmen und das zu akzeptieren, was eben jetzt gerade ist. Ohne Wertung.

Geben Sie außerdem in Ihrem Alltag der Stille mehr Raum. Drücken Sie im Laufe des Tages immer wieder bewusst auf die

Stopp-Taste und nehmen Sie sich Zeit, innezuhalten und für einen kurzen Moment der Stille zu lauschen. Selbst im größten Lärm können Sie mit ein bisschen Übung den Teil in Ihnen entdecken, der ganz still ist – egal was im Außen ist. Vielleicht machen Sie öfters einen Spaziergang im Grünen und lauschen der Stille der Natur. Oder Sie achten bei jedem Schritt auf das leise Knirschen unter Ihren Schuhsohlen, hören den Vögeln beim Singen zu oder spüren jeden noch so kleinen Windhauch auf Ihrer Haut. Vielleicht gönnen Sie sich medienfreie Zeiten, in denen Fernsehen, Radio, Handy, Computer & Co. ausgeschaltet bleiben. Oder Sie genießen die stillen Momente in einem Gespräch, in dem gerade alles gesagt ist, und es schön ist, gemeinsam zu schweigen. In diesem Sinne lassen Sie uns ein paar Minuten gemeinsam still sein.

Die Stille ist eine große Ärztin. Gib dich in ihre Hände.
Die Stille ist ein Zauberer. Lass dich verwandeln.
Die Stille ist eine Lehrerin. Lerne aus ihrer Weisheit.
Die Stille ist ein Wegbereiter. Achte auf ihre Zeichen.
Ulrich Schaffer

T

WIE TATENDRANG

Intention: Ich habe Kraft und Energie, um meine Vorhaben umzusetzen.

Sie brauchen Kraft, um all das zu tun, was Sie tun wollen. Es wäre natürlich schön, ständig motiviert und voller Tatendrang zu sein, so läuft es in der Realität aber meist nicht. Höchstwahrscheinlich kennen Sie Tage, an denen Sie wenig Energie haben und sich zu nichts aufraffen können. Vielleicht haben Sie auch schon einmal erlebt, dass Sie ein Vorhaben voller Elan angehen und Ihnen nach einiger Zeit die Luft ausgeht. Plötzlich können Sie sich nicht mehr motivieren, sind energie- und lustlos. Ihr anfänglicher Tatendrang ist verpufft und Sie beginnen, an allem zu zweifeln. Ihre Wünsche und Träume rücken in weite Ferne und scheinen ihren Reiz verloren zu haben. Das ist durchaus normal. Selbst die Dinge, die wir lieben und gern tun, gehen nicht immer leicht von der Hand. Es gibt Zeiten, da können wir Bäume ausreißen, und Zeiten, da geht kaum etwas. Auf Phasen der Aktivität dürfen und müssen Phasen der Erholung folgen, auf Phasen der Motivation Phasen der Lustlosigkeit (siehe Y). Entscheidend ist, dass Sie in „energielosen" Phasen Ihre Träume nicht aufgeben und resignieren, sondern trotzdem dranbleiben und dafür sorgen, so schnell wie möglich wieder in die Gänge zu kommen. Einige Verhaltensweisen wirken wie lähmendes Gift auf Ihren Tatendrang. Um es von der positiven Seite anzugehen, wollen wir uns hier ein paar Möglichkeiten anschauen, wie Sie Ihren Tatendrang (wieder) beleben:

Den Tatendrang beleben

Auf den Körper achten

Früher dachte ich, dass es einfach Menschen gibt, die leistungsfähiger sind als andere: Manche Menschen strotzen nur so vor Lebensenergie und sind nicht zu bremsen. Andere sind eher ruhiger und haben nicht so viel Power. Glück oder Pech gehabt. Das ist aber nur die halbe Wahrheit. Aus eigener Erfahrung weiß ich, dass mein Tatendrang rapide abnimmt, wenn ich zum Bespiel vor lauter Arbeiten vergesse, vernünftig zu essen, mich zu bewegen und ausreichend zu schlafen; oder wenn ich auf eine stressige Zeit keine Entspannungsphase folgen lasse; oder wenn ich die Verspannung im Nacken, die Kopfschmerzen oder das Kreuzweh ignoriere – die mehr oder weniger sanften Hinweise meines Körpers, dass dringend eine Veränderung notwendig ist und ich die Dinge anderes angehen sollte.

Egal wie viel Energie Sie von Haus aus zur Verfügung haben, auf Dauer leistungsfähig können Sie nur sein, wenn Sie auf die Bedürfnisse Ihres Körpers achten und das Beste aus Ihren Anlagen machen. Wenn Sie ausreichend schlafen, sich gesund ernähren, richtig atmen und sich genügend bewegen, nimmt Ihr Tatendrang zu. Sie sind ausgeglichener, gesünder und fühlen sich besser und damit natürlich auch leistungsfähiger. Das wissen Sie aus Erfahrung. Oder? Wie steht es um Ihren Tatendrang, wenn Sie zu kurz und vielleicht auch noch schlecht geschlafen haben? Wie energiegeladen sind Sie nach einer riesigen Portion Schnitzel mit Pommes Frites? Wie fühlen Sie sich nach acht Stunden Sitzen am Schreibtisch vorm Computer?

Was die Atmung betrifft, können Sie gleich einen Selbsttest starten: Setzen Sie sich aufrecht hin und atmen Sie ohne Anstrengung durch die Nase ein und aus. Erlauben Sie Ihrem Atem, sich auszudehnen. Bemerken Sie, wie Sie beginnen, voll zu atmen, wie Ihr Atem Ihren Bauchraum und Ihren Brustkorb hebt und senkt. Beim Ausatmen stellen Sie sich vor, dass Sie alles, was Sie belastet, loslassen. Alles Verbrauchte, alles Alte, als Negative verschwindet mit dem Ausatmen. Beim Einatmen machen Sie sich bewusst, dass Sie nicht nur Luft, sondern auch Lebensenergie aufnehmen – nicht nur Sauerstoff, sondern das Leben selbst. Stellen Sie sich vor, wie der Atem zu jeder Zelle Ihres Körpers fließt und jede Zelle mit universeller Kraft auflädt. Ein paar Minuten dieser simplen Atemübung und Sie werden sofort eine Veränderung bemerken, denn die Qualität Ihrer Atmung hat einen massiven Einfluss auf Ihre Lebenskraft. Wenn Sie jetzt noch bedenken, dass wir rund 20.000 Atemzüge pro Tag machen, können Sie sich ausrechnen, wie sich eine schlechte Atmung auf unser Energieniveau auswirkt. Nachdem die meisten von uns zu flach, zu schnell und zu kurz atmen, ist die Verbesserung der Atmung ganz essentiell, um mehr Lebenskraft zu haben.

Genauso wichtig ist das richtige Ausmaß an Schlaf und an Pausen zwischendurch. Nach einer Periode der Aktivität, in der Energie verbraucht wird, muss eine Ruhephase folgen, um wieder neue Energie zu schöpfen. Das gilt nicht nur für körperliche Tätigkeiten, sondern auch für geistige. Ihr Gehirn macht zwar nur zwei Prozent Ihres Körpergewichts aus, verbraucht aber mit Abstand die meiste Energie. Noch dazu ist es ziemlich egoistisch in seiner Rolle als Energieverteiler, denn es versorgt sich zuallererst einmal selbst und erst dann bekommen die übrigen Organe etwas zugeteilt. Wundern Sie sich also nicht, wenn Sie sich nach einer Zeit des konzentrierten Arbeitens energieleer fühlen. Für Ihre Leistungsfähigkeit wirkt auch das richtige Maß an Bewegung Wunder – manchmal hilft schon ein kleiner Spaziergang um den Häuserblock, um neu durchzustarten.

Nichts davon wird Ihnen neu sein und in aller Regel wissen Sie ganz genau, was Ihr Körper braucht und was ihm gut tun würde. Am Wissen scheitert es in den seltensten Fällen. Aber Hand aufs Herz: Achten Sie auf das, was Ihr Körper braucht? Wenn Sie immer wieder die Entscheidung treffen, dass die Bedürfnisse Ihres Körpers Nachrang haben, brauchen Sie sich nicht zu wundern, wenn Ihr Tatendrang zu wünschen übrig lässt. Früher oder später wird Sie Ihr Körper zwingen, auf ihn zu hören. Fragen Sie sich:

❧ Wo und wann übergehe ich die Bedürfnisse meines Körpers? Wie wirkt sich das auf mich und meinen Tatendrang aus?

❧ Wie zeigt mir mein Körper, dass ich Energie und Kraft verliere?

Achten Sie darauf, wie sich Ihr Körper bei dem, was Sie tun, verhält und welche Warnsignale er Ihnen sendet. Der Körper nutzt zum Beispiel Schmerz, Druck, Verspannung oder Müdigkeit als „Botschaft", wenn Sie etwas tun, was Ihnen nicht gut tut.

❧ Wie viel Schlaf brauche ich, um mich ausgeruht, frisch und erholt zu fühlen?

❧ Wie schaut mein persönlicher Biorhythmus aus? Bin ich eher ein Morgen- oder Abendmensch? Wann im Lauf des Tages habe ich Hoch-Zeiten und wann brauche ich meine Pausen? Wann kann ich mich am besten konzentrieren? Woran merke ich, dass meine Konzentration nachlässt und ich eine Verschnaufpause brauche?

Erwarten Sie nicht, dass Sie sich in der Früh fit und voller Tatendrang fühlen, wenn Sie ein ausgesprochener Morgenmuffel sind. Wenn Sie Ihre Rhythmen kennen und akzeptieren, können Sie Ihre Aktivitäten entsprechend planen.

❧ Welches Essen tut mir besonders gut und schenkt mir Lebenskraft?

❧ Welches Essen macht mich müde und energielos?

❧ Trinke ich genug Wasser?

Der menschliche Körper besteht zu 75 Prozent aus Wasser. Für den Transport von Nährstoffen, Enzymen, Vitaminen,

Spurenelementen etc. braucht unser Körper Wasser, genauso für den Abtransport von Gift- und Ausscheidungsstoffen. Wassermangel hat alle möglichen unangenehmen Auswirkungen auf unseren Körper. Unter anderem führt schon ein bisschen zu wenig Wasser zu einem merklichen Energieverlust. Kurz, um leistungsfähig zu sein, müssen Sie genug reines Wasser trinken.

🌿 Welche Art von und welches Ausmaß an Bewegung tut mir gut?

Joggen, walken, Rad fahren, tanzen, spazieren gehen, schwimmen, Fitnesscenter, Yoga – es gibt so viele Möglichkeiten, aktiv zu sein und sich zu bewegen. Finden Sie die Art von Bewegung, die Ihrem Charakter und Ihrer Form entspricht, die Ihnen Spaß macht und Energie schenkt.

🌿 Auf welche Bedürfnisse meines Körpers will ich in Zukunft mehr achten, um meinen Tatendrang und mein Energieniveau zu erhöhen?

Orientieren Sie sich bei allen diesen Punkten nicht am Außen, nicht daran, was angeblich die „richtige" Ernährung ist, wie viele Stunden „man" schlafen muss, wie viel und welche Art von Bewegung „man" machen muss. Vergleichen Sie sich auch nicht mit anderen Menschen und deren Leistungen – es sei denn, das motiviert Sie und weckt Ihre eigenen Lebensgeister – und richten Sie sich nicht danach, was andere Menschen von Ihnen erwarten. Lernen Sie, auf Ihren Körper zu hören und wahrzunehmen, was Ihnen im Sinne Ihrer „Lebensenergie" gut tut. Was für Sie richtig ist, muss Ihnen niemand beibringen. Ihr Körper ist ein weiser Ratgeber. Er begleitet Sie seit Ihrer Geburt, kennt Ihre ganze Lebensgeschichte, Ihre Stärken und Schwächen, Ihre Ängste und Potenziale. Er weiß, was Ihnen gut tut und was Sie brauchen, um gesund, glücklich und energiegeladen zu sein. Ihr Körper sagt Ihnen sofort, ob etwas für Sie gut, richtig und stimmig ist oder nicht.

Unerledigtes erledigen

Mein Auto, ein Vertrag, ein Telefongespräch – objektiv betrachtet wohl eher harmlose Worte, die mir jedoch schon länger im Magen liegen, weil sie in meinem Kopf mit „erledigen müssen" und „unangenehm" verknüpft sind. Jeder kennt
wohl solche Aufgaben, die man einfach ungern angeht. Sei es,
weil sie anstrengend oder langweilig sind, viel Zeit brauchen,
Überwindung kosten, eine Konfrontation erfordern, unangenehme Folgen haben könnten oder aus sonst einem Grund
keinen Spaß versprechen. Mein Unterbewusstsein ist jedenfalls sehr erfinderisch, wenn es darum geht, Ausreden zu finden, um die Erledigung dieser unangenehmen Dinge hinaus-
zuzögern.

„Was du heute kannst besorgen, das verschiebe nicht auf
morgen", sagt ein Sprichwort. Jede Handlung kostet Energie.
Doch: Handlungen, die wir nicht ausführen, kosten oft noch
viel mehr Energie. Aufschieben bedeutet, eine Aufgabe, die erledigt werden muss, vor sich herzuschieben, statt sie hinter
sich zu bringen. Wenn Sie sich einmal bildlich vorstellen, wie
Sie die ganze Zeit etwas vor sich herschieben, dann wird Ihnen schnell bewusst, dass das Kraft kostet. Kraft, die Sie dann
nicht mehr zur Verfügung haben für das, was Ihnen wirklich
wichtig ist. Sollten Sie unter Aufschieberitis leiden, machen
Sie jetzt bitte eine Liste mit allen Dingen, die erledigt gehören. Fragen Sie sich zu jedem Punkt:

- Was ist genau zu tun und wie lange wird das in etwa dauern?
- Seit wann schiebe ich das vor mir her? Welchen Preis zahle
  ich dafür, dass ich das nicht erledige?
- Muss, will und werde ich diese Aufgabe noch jemals erledigen?

Wenn nein, streichen Sie dieses Vorhaben von Ihrer Liste
und noch wichtiger aus Ihrem Kopf. Dinge, die Sie gar nicht
ernsthaft machen wollen und auch nicht unbedingt machen
müssen, sind die unnötigsten Kraft- und Energiefresser.

❧ Was wäre anders, wenn ich die Aufgabe endlich hinter mich bringen würde?

❧ Wann werde ich das erledigen?
Bei großen Vorhaben macht es Sinn, nicht alles auf einmal anzugehen. Erledigen Sie lieber jeden Tag eine Kleinigkeit oder nehmen Sie sich zum Beispiel eine halbe Stunde täglich Zeit dafür.

❧ Kann ich etwas davon delegieren oder mir Hilfe holen?

❧ Was könnte mir die ganze Sache ein bisschen angenehmer machen? Wie könnte ich das Ganze vielleicht mit Freude angehen?
Vielleicht versprechen Sie sich eine Belohnung. Vielleicht legen Sie Ihre Lieblingsmusik auf, während Sie die ungeliebte Buchhaltung erledigen. Oder Sie laden eine Freundin ein, die bereit ist, Ihnen zu helfen, den Keller auszumisten.

Gehen Sie Unerledigtes der Reihe nach an und haken Sie die Punkte auf Ihrer Liste ab. Nehmen Sie jedes Mal, wenn Sie etwas hinter sich bringen, wahr, wie sich das anfühlt und wie sich das auf Ihr Energieniveau auswirkt. Höchstwahrscheinlich werden Sie feststellen, dass Ihr Tatendrang immer mehr steigt und Sie auch wieder Lust bekommen, Ihre Träume anzupacken.

Keine Drückeberger-Aktionen

Nah verwandt mit der Aufschieberei ist die Drückebergerei. Nehmen wir zur Veranschaulichung wieder einmal ein Beispiel aus meinem Leben: Gestern in der Früh hatte ich die klare Absicht, den ganzen Vormittag zu nutzen, um einen Artikel zu schreiben. Was hab ich gemacht? Die Küche gründlich geputzt, meinen Schrank aufgeräumt, im Internet herumgesurft und schließlich meine Mails gecheckt und beantwortet. Dann war's 14.00 Uhr und ich zum Essen eingeladen. Müßig zu sagen, wie weit ich mit meinem Artikel gekommen bin. Ich war also voller Tatendrang, nur nicht für das, was ich tun wollte. Jetzt könnte ich mir natürlich einreden: „Macht ja nichts, war eben etwas anderes wichtiger", wüsste ich nicht in meinem Innersten ganz genau, dass das nicht stimmt. Warum ich das mit Sicherheit weiß, ist ganz einfach: Es hat sich nicht gut angefühlt. Währenddessen nicht und nachher auch nicht. Wissen Sie, was ich meine? Kennen Sie solche Drückeberger-Aktionen?

Wenn wir die Dinge zur richtigen Zeit und in der richtigen Reihenfolge tun, sind wir im Fluss und alles – selbst Schwieriges – geht uns viel leichter von der Hand. Wir sind zufrieden, spätestens wenn die Aufgabe erledigt ist. Tun wir etwas aber nur, um uns abzulenken und uns vor dem, was wesentlich ist, zu drücken, bleibt ein nagendes Gefühl der Unzufriedenheit. Wir haben unseren Tatendrang für etwas eingesetzt, was gar nicht dran war. Solange das nur alle heiligen Zeiten vorkommt, ist das natürlich keine große Sache. Falls Sie aber öfters in diese Falle tappen, machen Sie sich bewusst, dass Sie wertvolle Zeit und Energie verschwenden, und verzichten Sie ganz bewusst auf solche „Drückerberger"-Aktionen. Achten Sie darauf, dass Sie die Dinge tun, die im Moment wirklich anstehen und sich jetzt gut und richtig anspüren, und bemerken Sie, wie sich das auf Ihren Tatendrang auswirkt (siehe auch N).

Trotz Unlust aktiv werden

Damit das klar ist: Ich bin ein großer Verfechter des Weges der Freude. Sie sollen Dinge tun, die Sie wirklich tun wollen, und sich zu nichts zwingen, was Ihnen gar nicht liegt oder Ihnen kein echtes Anliegen ist. Doch was Ihnen auch bewusst sein muss: Die Lust oder der Tatendrang kommen oft erst mit dem Tun. Selbst bei den Dingen, die Sie wirklich gerne tun wollen, werden Sie sich des Öfteren überwinden müssen. Da kommen die eigene Bequemlichkeit, Faulheit, Ängste und andere Hindernisse ins Spiel. Das heißt, in vielen Fällen ist es wichtig, ohne Lust und ohne Tatendrang aktiv zu werden. Das scheint dem Weg der Freude zu widersprechen. In Wahrheit geht es darum, nicht nur kurzfristig zu denken. Sagen wir, Sie haben den Vorsatz, nach dem Büro noch ins Fitnesscenter zu gehen – Sie wollen endlich den Salsa-Kurs besuchen und wissen, dass Ihnen das wirklich Spaß macht. Kaum ist es soweit, ist Ihnen aber die Lust vergangen. Sie sind müde und gehen doch lieber nach Hause aufs Sofa. Kurzfristig betrachtet ist das die freudigere Variante. Wenn Sie sich aber bewusst machen, wie großartig Sie sich fühlen, nachdem Sie im Fitnesscenter waren, und wie es Ihnen geht, wenn Sie stattdessen am Sofa verenden, schaut die Sache ganz anders aus. Ein anderes Beispiel: Sie lassen Ihr Fokus-Ritual (siehe F) in der Früh sausen, weil Sie doch lieber etwas länger schlafen. Kurzfristig betrachtet ist es im warmen Bett viel kuscheliger und fühlt sich besser an. Wenn Sie allerdings bemerken, wie positiv sich ein paar Minuten Fokus-Ritual auf Ihr Leben auswirken, werden Sie aufstehen, egal ob Sie Lust dazu haben, wenn der Wecker läutet, oder nicht. Sie wissen, die Freude kommt im Tun.

Solange wir nur kurzfristig denken, verschieben wir viele Dinge auf morgen. Das Problem ist nur, dass die Lust oder der Tatendrang meist morgen genauso wenig da sind. Manchmal müssen wir kurzfristig „Unangenehmes" in Kauf nehmen, um langfristig den Weg der Freude zu gehen. Warten Sie daher nicht darauf, dass unbedingt zuerst Lust und Elan da sein müssen, bevor Sie eine Sache angehen, die Sie wirklich angehen wollen. Vor allem am Anfang – bis ein Ritual (siehe R) daraus geworden ist – ist es ratsam, sich aufzuraffen und den inneren Schweinehund zu überwinden. Wenn Sie einmal aus Erfahrung wissen, wie gut Ihnen etwas tut, dann fällt es Ihnen viel leichter, sich zu motivieren. Sie stehen höchstwahrscheinlich problemlos mitten in der Nacht auf, wenn es darum geht, den Frühflug in den lang ersehnten Urlaub zu erwischen, und können im Flieger stundenlang am gleichen Platz sitzen, obwohl das nicht unbedingt Freude macht. Genauso knien Sie ohne Murren lange Zeit am Boden und rupfen Unkraut, wenn Sie Gartenarbeit lieben, oder üben fade Tonleitern, wenn Sie ein Instrument lernen wollen. Sie wissen, es zahlt sich aus.

Kurz zusammenfasst: Ständige Lustlosigkeit und mangelnder Tatendrang sind ein ziemlich sicheres Zeichen, dass Sie die „falschen" Wünsche und Ziele ansteuern – der eigene Antrieb und der tiefere Sinn fehlen. Hier gilt es, Ihre Wünsche zu überprüfen. Kurzfristige Lustlosigkeit und vorübergehend wenig Tatendrang sind menschlich, selbst bei den Dingen, die Ihnen sehr am Herzen liegen. Hier gilt es, dranzubleiben und trotzdem zu tun, was eben zu tun ist.

Zu guter Letzt haben die Menschen, mit denen Sie Ihre Zeit verbringen, einen nicht unbeträchtlichen Einfluss auf Sie und Ihren Tatendrang. Diesem Thema ist der nächste Buchstabe – U wie Umfeld – gewidmet.

> Wenn du es wirklich tun willst, tust du es.
> Es gibt keine Ausreden.
> *Bruce Nauman*

U

WIE UMFELD

Intention: Ich lebe in einem Umfeld, das meine Wünsche und Vorhaben unterstützt.

D u bist der Durchschnitt der fünf Menschen, mit denen du die meiste Zeit verbringst", behauptet der amerikanische Unternehmer und Motivationstrainer Jim Rohn. Als ich diese These das erste Mal hörte, hat mein Hirn sofort angefangen zu arbeiten: Mit wem verbringe ich die meiste Zeit? Und wie ähnlich sind wir uns hinsichtlich Interessen, Einkommen, Beziehungsstand, Körpergewicht, Fitness, Zufriedenheit und Ähnlichem? Wenngleich die These bei mir nicht in allen Bereichen zutraf, konnte ich darin doch weit mehr als einen Funken Wahrheit erkennen. Wie ist das bei Ihnen? Wie ähnlich sind Sie den fünf Menschen, mit denen Sie am meisten zusammen sind?

Wir haben ja schon mehrfach festgestellt, dass wir alle von anderen Menschen beeinflusst werden. Es ist also naheliegend, dass die Personen den größten Einfluss auf uns haben, mit denen wir die meiste Zeit verbringen. Die Art und Weise zu sprechen, die Verhaltensweisen und selbst Denkmuster gleichen sich an. In der Regel sind sich langjährige Freunde irgendwann sehr ähnlich. Wahrscheinlich haben Sie selbst schon erlebt, dass Sie mit der Zeit die gleichen Wörter verwenden wie jemand, den Sie oft sehen. Vielleicht kleiden Sie sich ähnlich. Oder übernehmen ein Hobby oder eine Gewohnheit. Die Aussage „Du bist genau wie deine Mutter/dein Vater!" ist ein weiteres Beispiel für diese These.

Wir Menschen lernen am schnellsten und am leichtesten durch Nachahmung. Unwillkürlich imitieren wir unser Umfeld und schauen uns vieles ab. Dazu kommt das menschliche Bedürfnis nach Zugehörigkeit. Um kein Außenseiter zu sein, passen wir uns automatisch an unsere Umgebung an. Andersartigkeit ist selten erwünscht. Wenn beispielsweise Ihre engsten Gefährten ständig über ihr Leben jammern und klagen, werden Sie sich nicht unbedingt beliebt machen, wenn Sie glückstrahlend von Ihren Erfolgen erzählen. Oder wenn Sie sehr gesund leben, keinen Alkohol trinken und viel Sport treiben, werden Sie vielleicht am Stammtisch im Wirtshaus nicht besonders willkommen sein. Anpassung funktioniert nur, wenn wir uns dafür nicht zu sehr verbiegen oder gar selbst verleugnen müssen. In der Regel fühlen wir uns von Menschen angezogen, die uns ähnlich sind und mit denen wir Gemeinsamkeiten haben. Gleich und gleich gesellt sich gern, heißt es so schön. Wir fühlen uns wohl, wenn wir sein können, wie wir sind, und uns dabei angenommen, akzeptiert und verstanden fühlen. Wenn Sie allerdings wachsen und Ihre Wünsche verwirklichen wollen, brauchen Sie außerdem ein Umfeld, das Sie in Ihren Vorhaben bestärkt und unterstützt: Menschen, die den Weg mit Ihnen gehen oder Sie zumindest ermutigen. Menschen, die sich auf dem Weg auskennen und Sie lotsen. Menschen, die Sie beflügeln und das Beste in Ihnen zum Vorschein bringen. Was Sie nicht brauchen, sind Menschen, die Sie bremsen und klein halten. So hart das klingen mag, Menschen, die Sie weder unterstützen, noch den Weg mit Ihnen gehen, werden Sie früher oder später hinter sich lassen müssen.

Moment! Das heißt natürlich nicht, dass Sie von heute auf morgen Ihren Partner verlassen oder Ihre Freundschaften aufkündigen sollen. Ganz abgesehen davon, dass Sie vielleicht Menschen wie den nörgelnden Kollegen, mit dem Sie den ganzen Tag im Büro sitzen, oder Ihre liebe Verwandtschaft nicht so leicht loswerden. Gehen wir die Sache anders an. Ihr Umfeld besteht mit ziemlicher Sicherheit aus mehr als fünf Menschen. Trennen Sie einmal vorsichtig die Spreu vom Weizen.

Menschen in meinem Umfeld

Wer mir gut tut

Stellen Sie sich die folgenden Fragen und notieren Sie die Namen jener Menschen, die Ihnen in den Sinn kommen. Verlassen Sie sich dabei auf Ihre innere Führung oder auf Ihr Bauchgefühl. Ihre innere Stimme und Ihr Körper sagen Ihnen immer, wer Ihnen gut tut und wer nicht.

- Mit wem bin ich gerne zusammen? Mit wem fühle ich mich wohl in meiner Haut? Von wem fühle ich mich angenommen und akzeptiert, wie ich bin?
  Schauen Sie auch unter L wie Leo: Wer sind Ihre „Leo-Menschen"?
- Wem kann ich sagen, was ich auf dem Herzen und auf der Seele habe?
  Gut möglich, dass Sie nicht mit einem Menschen alles besprechen, sondern in unterschiedlichen Lebensbereichen verschiedene Vertraute haben.
- Wem erzähle ich gerne von meinen Wünschen und Vorhaben?
- Wer kann mit mir meine Erfolge feiern? Wer freut sich mit mir und für mich?
- Von wem fühle ich mich wertgeschätzt?
  Vielleicht gibt es eine Person, die Sie spüren lässt, wie wichtig ihr die Beziehung zu Ihnen ist. Vielleicht fällt Ihnen jemand ein, der Ihre Begabungen, Talente oder Fähigkeiten würdigt. Oder jemand schätzt ehrlich, was Sie tun.
- Wer in meinem Umfeld ist loyal und ehrlich? Wer sagt mir seine Meinung, ohne mich zu be- oder verurteilen?

- ❧ Wer schenkt mir Kraft oder baut mich auf?
- ❧ Wer in meinem Umfeld ist pro-aktiv und arbeitet an seiner eigenen Entwicklung und an der Verwirklichung seiner Wünsche?
- ❧ Wer hat ähnliche Wünsche, Ziele oder Vorhaben wie ich?
- ❧ Wer fördert mich und hilft mir dabei, meine Ideen umzusetzen?

Wenn Ihnen niemand einfällt, dann fragen Sie sich, wer Ihnen in Zukunft helfen könnte. Das kann ein Mensch sein, der in dieser Hinsicht fortgeschrittener ist, ein Experte, ein inspirierendes Vorbild, ein Coach oder Mentor. Vielleicht haben Sie auch in Ihrem nächsten Umfeld jemanden übersehen, der Sie in Ihrer Entwicklung systematisch unterstützen könnte.

Wenn Sie feststellen, dass Sie bereits mit einem nährenden Umfeld gesegnet sind, dann wissen Sie, wie unglaublich wertvoll das ist. Möglicherweise sind Ihnen gerade Menschen eingefallen, die Sie aus den Augen verloren haben und die Sie jetzt wieder mehr in Ihr Leben integrieren möchten. Oder Sie erkennen, dass Sie eine bestehende Beziehung besser pflegen und intensivieren wollen.

Lassen Sie den Kopf nicht hängen, falls hier nur sehr wenige Menschen auftauchen sollten. Wenn Sie wirklich etwas in Ihrem Leben verändern wollen, schaffen Sie das auch ohne Hilfe und Unterstützung von außen. Vielleicht dauert es etwas länger, aber ein starker innerer Antrieb überwindet jede Hürde. Wenn Sie sich auf den Weg machen und sich verändern, ändert sich unweigerlich Ihr Umfeld. Sie lernen neue Menschen kennen, die Sie dann bestärken, unterstützen und Ihnen Mut machen.

Wer mich und meine Vorhaben eher bremst

An dieser Stelle sollten Sie besonders ehrlich zu sich selbst sein. Ich weiß, es kann schmerzhaft sein, sich einzugestehen, wer einem nicht gut tut. Manchmal kann das auf Menschen zutreffen, die man jahrelang kennt und mit denen man unter Umständen sogar einmal sehr eng befreundet war. Manchmal sind das Menschen, die man glaubt, sich nicht vom Hals schaffen zu können. Es geht bei den folgenden Fragen noch nicht um die Konsequenzen, die Sie vielleicht irgendwann ziehen wollen, sondern um eine „nüchterne" Bestandsaufnahme. Fragen Sie sich:

- Gibt es jemanden in meinem Leben, der mich Kraft kostet, ohne dass ich dafür etwas zurückbekomme? Nach welchen Begegnungen fühle ich mich regelmäßig erschöpft, ausgezehrt oder unwohl?
- Ist jemanden in meinem Umfeld, der ständig über irgendetwas jammert und klagt? Oder die Schuld an seinen Problemen auf mich oder auf andere schiebt und sich selbst gerne als Opfer sieht?
- Wer kritisiert mich unangemessen, macht sich auf ungute Weise über mich lustig, demütigt oder tadelt mich? Wer macht meine Ideen herunter oder entwertet das, was ich sage?
- Wer redet ständig über sich selbst und lässt mich kaum zu Wort kommen? Oder hört mir nicht zu, wenn ich etwas zu erzählen habe?
- Ist in meinem Umfeld jemand, der gerne über andere tratscht und klatscht? Oder schlecht hinter dem Rücken von Nichtanwesenden redet?
- Gibt es Menschen, die ständig etwas von mir brauchen und von denen ich mich ausgenutzt fühle?

Das Wichtigste zuerst: Wer Ihnen bei diesen Fragen auch einfallen mag und wie viele Menschen das auch sind, geben Sie niemandem die Macht, Sie von Ihrem Leben und Ihren Wünschen abzuhalten (siehe E). Sie schaffen mit Ihren Gedanken, Gefühlen und Taten Ihre eigene Realität und sind dabei nicht abhängig von anderen Menschen. Niemand muss sich verändern, damit Sie Ihre Träume verwirklichen können. Was uns tatsächlich bremst oder voranbringt in unserem Leben, ist nicht, was unser Umfeld denkt, sagt und tut, sondern was wir selbst denken, sagen und tun. Das Grundproblem ist, dass wir viel zu oft unsere ganze Aufmerksamkeit und Energie auf das Sein anderer richten statt auf unser eigenes. Andere Menschen sind in unserem Umfeld, weil sie auf irgendeine Art und Weise mit unserer Schwingung kompatibel sind. Streichen Sie einfach nur „unangenehme" Menschen aus Ihrem Leben, ohne sich selbst zu verändern, kommen keine „besseren" Menschen nach. Dann haben Sie mit dem neuen Partner/Freund/ Chef/Kollegen/Nachbarn ähnliche Probleme wie mit dem Vorgänger. Wenn Sie sich hingegen verändern und Ihre Ausstrahlung anders ist, verändert sich automatisch Ihr Umfeld: Jene Menschen, die nicht mehr zu Ihnen passen und Ihnen nicht gut tun, verschwinden aus Ihrem Leben bzw. verhalten sich anders, ohne dass Sie sich darum bemühen müssen, und Sie ziehen andere, neue Menschen an. Eine der wichtigsten Grundregeln lautet daher: Achten Sie weniger darauf, was von außen kommt, sondern mehr darauf, wie Sie selbst sind – darauf, was Sie denken, fühlen, sagen und tun.

Das bedeutet nicht, dass Sie alles über sich ergehen lassen und ein unangenehmes Umfeld aushalten müssen. Es bedeutet, dass Sie die Verantwortung für sich übernehmen und entscheiden, mit wem Sie sich umgeben wollen und welche Menschen in Ihrem Leben eine tragende Rolle spielen dürfen. Es bedeutet, dass Sie achtsam sind, welchen Einfluss andere Menschen auf Sie haben. Es bedeutet, dass Sie selbst bestimmen, wie Sie sind und wie Sie anderen Menschen begegnen.

Etwas praktischer: Sie widmen den „Energieräubern" in Ihrem Leben – den Menschen, die Sie nur Kraft kosten – keine Zeit und keine Energie mehr – oder zumindest nicht mehr als unbedingt nötig. Stattdessen verbringen Sie mehr Zeit mit Menschen, die Ihnen gut tun. Sie lassen sich beispielsweise vom nörgelnden Kollegen und der miesen Stimmung im Büro bewusst nicht Ihre Laune verderben. Sie entscheiden sich, nicht mit der Freundesrunde zu tratschen und klatschen, sondern lenken das Gespräch auf ein interessanteres Thema oder verabschieden sich freundlich. Sie lassen sich nicht von einem Vorhaben abhalten, nur weil die Verwandtschaft meint, Sie seien unrealistisch. Wenn Sie Rückendeckung brauchen, wenden Sie sich einfach an einen echten Freund, Ihren Coach oder an sonst jemanden, der an Sie glaubt.

Konsequenzen ziehen

Gehen Sie die Liste der Menschen durch, die Ihnen derzeit in Ihrem Umfeld nicht gut tun und fragen Sie sich:

- Wen will und kann ich von der Liste streichen? Wem möchte ich weniger Zeit und Kraft schenken?

Das mag egoistisch klingen, ist es aber nicht. Wenn Sie Menschen, die Ihnen nicht gut tun, aus Ihrem Leben verabschieden, haben Sie mehr Kraft und Energie zur Verfügung. So können Sie der Welt viel mehr geben und für Menschen da sein, die nicht auf Ihre Kosten leben.

- Für die Verbleibenden auf Ihrer Liste: Wie kann ich besser mit diesen Menschen umgehen? Was kann ich in Zukunft anders machen?

Ich betrachte solche „unangenehmen" Zeitgenossen gerne als wichtige Lehrer, die mir etwas beibringen können. Durch sie kann ich lernen, in meiner Mitte zu bleiben und mich weniger beeinflussen zu lassen von dem, was von außen kommt. Auch neue Verhaltensweisen lassen sich im Umgang mit ihnen gut testen und bringen oft interessante Ergebnisse.

- Wie kann ich meine eigenen Grenzen besser wahren?

Da könnte es darum gehen, zu jemandem „Nein" zu sagen.

Oder unangemessene Bemerkungen nicht freundlich zu übergehen und über Kränkungen hinwegzulachen, sondern jemanden in seine Schranken zu weisen. Trauen Sie sich, Neues auszuprobieren.

🌱 Was will ich in der Beziehung zu diesem Menschen wirklich? Bringt mich meine Art zu denken, zu sprechen und zu handeln meinem wahren Wunsch näher? Oder bringt es mehr Leid, Ärger, Frust und Kummer?

Wenn Sie zum Beispiel mit einer alten Bekannten in Wirklichkeit keine Zeit mehr verbringen wollen, dann ist es sinnvoller, den Mut aufzubringen, den Kontakt zu beenden. Wenn Sie eine Bekannte hingegen sehr schätzen, aber Sie das Gefühl haben, in letzter Zeit nie zu Wort zu kommen und kein Gehör zu finden, dann sollten Sie das nicht hinunterschlucken oder sie meiden, sondern ansprechen, was Ihnen am Herzen liegt.

Wenngleich schwierige Zeitgenossen einen hohen Lerneffekt bringen, rate ich Ihnen dringend: Umgeben Sie sich so oft wie möglich mit Menschen, die Ihnen gut tun und die Ihnen und anderen Menschen wohlgesonnen sind. Umgeben Sie sich mit Menschen, die so wie Sie an persönlicher Entwicklung interessiert sind. Ihr Wachstum geht viel leichter voran, wenn Sie gleichgesinnte Menschen um sich haben. Besprechen Sie vor allem Ihre neuen Vorhaben nicht mit Menschen, von denen Sie keine konstruktiven Reaktionen und schon gar keine Unterstützung erwarten. Stellen Sie sich vor, Sie pflanzen einen kleinen Baumsetzling in Ihren Garten, und dann kommt jemand daher und reißt ihn einfach wieder heraus. Wenn sich der Baum erst einmal verwurzelt hat und gewachsen ist, kann das niemand so leicht bewerkstelligen. Genauso ist das mit Ihren Wünschen und Vorhaben. Vertrauen Sie sich anfangs nur jenen Menschen an, die an Sie glauben und bei denen Sie sich gut aufgehoben fühlen. Je weiter Ihre Träume in der Verwirklichung sind, je sichtbarer sie schon in Ihrem Leben erscheinen, desto weniger werden Sie sich von anderen verunsichern oder gar Ihre Träume zerstören lassen. Wenn Sie sich und Ihr Leben verändern, werden nicht alle in Ihrem Umfeld begeistert sein. Wie Sie am besten mit Ihren Liebsten umgehen und womit Sie in Ihrem Wachstumsprozess rechnen müssen, haben wir schon unter E wie Eigenverantwortung besprochen. Wenn Sie sich selbst treu sind, kann es in Folge leicht passieren, dass sich gewisse Menschen aus Ihrem Leben verabschieden. Manchmal ist das sogar fast der gesamte Freundes- und Bekanntenkreis. Das kann natürlich Angst machen. Doch in Wahrheit haben Sie nichts zu verlieren: Wer wirklich zu Ihnen gehört, bleibt in Ihrem Leben. Wer geht, hat ohnehin nicht (mehr) zu Ihnen gepasst, und es entsteht Platz für neue Menschen, die Ihrem wahren Wesen entsprechen.

My home is my castle

Widmen wir uns noch kurz einem anderen, nicht minder bedeutenden Umfeld: Ihrem Zuhause. Jeder Mensch hat wohl eine Idealvorstellung, wie und wo er am allerliebsten leben würde, wenn er nur könnte. Gut möglich, dass Sie auf Ihrer Visionstafel (siehe unter A Schritt 3) verbildlicht haben, wie Ihr Traum-Zuhause aussieht (falls nicht, können Sie das noch nachholen). Jetzt ist aber nicht jeder – zumindest nicht gleich – in der Lage, diesen Traum zu verwirklichen. Doch verbringen wir fast alle viel Zeit in den eigenen vier Wänden, und sei es nur, um zu schlafen. Für viele Menschen ist das Zuhause ein wichtiger Rückzugsort. Ein Ort, an dem es leichter fällt, zu sich zu kommen, Kraft zu tanken und in seiner Mitte zu sein. Das setzt natürlich voraus, dass wir uns dort wohlfühlen.

Falls Sie sich schon einmal mit Feng Shui[2] auseinandergesetzt haben, wissen Sie, wie stark sich die Energie der Wohnung auf uns und alle Bereiche unseres Lebens auswirken kann. Wenn Sie mehr darüber erfahren wollen, finden Sie im Internet viele Informationen und Expertentipps. Das kann sich wirklich auszahlen. Oft lohnt es sich, selbst schon kleine Veränderungen vorzunehmen und Ihrer inneren Führung zu vertrauen, was sich in Ihren eigenen vier Wänden gut und stimmig anfühlt. Fragen Sie sich:

- ❧ Fühle ich mich wohl in meiner Wohnung? Was könnte ich verändern oder optimieren?
- ❧ Stört mich vielleicht seit langem etwas, das ich noch nicht in Ordnung gebracht oder verändert habe?
- ❧ Wie sauber ist meine Wohnung? Liegt viel herum? Fühle ich mich wohl mit dem Grad an Ordnung? Wie sieht es in meinen Küchenkästen, in Laden und Schränken aus?

Oft spiegelt sich das Ausmaß an Chaos, das im Zuhause herrscht, im eigenen Leben wider. Gerade die nicht sichtbaren Räume verraten oft viel über die innere Verfassung des Besitzers. Das heißt nicht, dass Sie ein Ordnungsfreak werden müssen, doch kann eine Aufräumaktion sehr hilfreich sein, um sich selbst zu ordnen.

- ❧ Habe ich viel Gerümpel und altes Zeug in der Wohnung? Wie viel nicht getragene Kleidung habe ich in meiner Garderobe?

Misten Sie aus und entrümpeln Sie Ihre Wohnung. Befreien Sie sich von Dingen, die Sie nicht mehr brauchen oder nie verwenden. Erleichtern Sie sich von Kleidung, die Sie schon seit Monaten nicht mehr getragen haben. Wenn Sie Altes loslassen, befreien Sie nicht nur Ihr Zuhause von Ballast, sondern auch sich selbst. Nach einer Ausmistaktion wird

---

2 Feng Shui ist eine daoistische Harmonielehre aus China. Ziel ist die Harmonisierung des Menschen mit seiner Umgebung, die durch eine besondere Gestaltung der Wohn- und Lebensräume erreicht werden soll.

Ihr Kopf klarer sein und Sie werden merklich an Energie gewinnen.

- ❧ Steht vielleicht wieder einmal ein Fensterputz an? Auch saubere Scheiben können zu mehr Klarheit im Leben verhelfen.
- ❧ Welche Farben sind vorherrschend? Passen diese Farben zu mir? Gibt es eine Farbe, die mir fehlt? Fühle ich mich wohl mit den Wandfarben?
- ❧ Wie riecht es in meiner Wohnung? Welchen Duft mag ich? Oder sollte ich öfter lüften, um mehr frische Luft in der Wohnung zu haben?
- ❧ Mag ich Pflanzen oder bestimmte Blumen in meinem Zuhause?
- ❧ Stimmt die Beleuchtung? Ist das Licht heimelig? Ist mein Zuhause hell genug?
- ❧ Kann ich in meinem Bett gut schlafen? Falls nicht, schlafen Sie vielleicht auf einer Wasserader, oder die Matratze ist schlecht. Wenn wir bedenken, wie viele Stunden wir im Bett verbringen und wie sehr sich die Qualität des Schlafes auf die Qualität unseres Lebens auswirkt, zahlt sich in diesem Bereich jede Verbesserung aus.
- ❧ Bringt meine Wohnung zum Ausdruck, wer ich bin? Passt sie zu meinem Wesen? Was könnte oder müsste ich noch hinzufügen?

Die Fragen sollen Ihnen nur einige Anregungen liefern. Ziel ist, dass Sie sich ein Zuhause schaffen, in dem Sie sich wirklich wohlfühlen und in dem Sie Kraft finden, Ihre Vorhaben umzusetzen. Wenn Sie schon länger über einen Umzug nachdenken, weil Sie Ihre vier Wände nicht besonders mögen, nehmen Sie das jetzt zum Anlass, aktiv zu werden und auf Wohnungssuche zu gehen. Wie auch immer Sie für ein schöneres Zuhause sorgen, wird sich das auf Ihren Wachstumsprozess förderlich auswirken.

Zuhause ist man, wo das Herz ohne Scheu lachen
und in Ruhe seine Tränen trocknen lassen kann.

Anonym

WIE VERTRAUEN

Intention: Ich vertraue dem Leben und lasse der Verwirklichung meiner Wünsche Zeit.

Nehmen wir an, Sie wollen einen Kuchen backen. Sie könnten entweder die Zutaten verwenden, die Sie gerade zu Hause haben, und schauen, welcher Kuchen sich daraus machen lässt. Oder Sie könnten zuerst entscheiden, welchen Kuchen Sie backen wollen, und müssten dann die dafür nötigen Zutaten besorgen. In beiden Fällen kommt der Zeitpunkt, wo Sie den rohen Kuchen ins Rohr schieben und geduldig warten müssen. Sonst wird das nichts. Das weiß ich. In meiner Pubertät war ich nämlich ein echter Backfreak und bei meinen ersten Versuchen hab ich ständig den Ofen aufgerissen und im Teig herumgestochert. Das Ergebnis sah dementsprechend traurig aus. Einmal habe ich sogar den Grill aufgedreht, damit es schneller geht. Besagter Kuchen war am Ende oben verkohlt und unten roh. Beim Backen lernt man schnell, Geduld zu haben und zu vertrauen, dass der Ofen das Seine tut.

Was das Leben und unsere Wünsche betrifft, tun wir uns da oft wesentlich schwerer mit der Geduld und dem Vertrauen. Sagen wir, unsere Gedanken, Gefühle, Worte und Taten sind die „Backzutaten", mit denen wir unser Leben gestalten. Wir haben die Wahl, welche Zutaten wir nutzen und was wir daraus machen. Für diesen Teil tragen wir die volle Verantwortung. Das heißt aber weder, dass wir alles unter Kontrolle haben, noch dass wir alles alleine machen müssen. Vieles können und müssen wir sogar dem Leben überlassen.

Machen Sie sich einmal bewusst, was alles ohne Ihr Zutun passiert. Die Sonne geht auf und unter. Das Gras wächst und die Blumen blühen. Die Erde dreht sich und Planeten kreisen in ihren Bahnen. Das alles geschieht, ohne dass Sie einen Finger rühren müssen. Doch Sie brauchen gar nicht in die Ferne zu schweifen, denn auch Ihr Herz schlägt von allein, genauso wie Ihr Blut zirkuliert, Ihre Lunge atmet, Ihre Verdauung arbeitet und Ihre Haare wachsen. Für all das gibt es eine Reihe wissenschaftlicher Erklärungen, aber in letzter Konsequenz bleiben viele Fragen offen. Selbst bei den meisten Wissenschaftlern hat die Erforschung des Lebens zu der Einsicht geführt, dass die Existenz von Materie ein Wunder ist, das sich nur durch eine höhere Macht erklären lässt. Diese Kraft, die in der Lage ist, ganze Planeten, Sterne und Galaxien zu steuern, wirkt nicht nur in Ihrem Körper, sondern auch in Ihrem Leben. Wenn Sie sich um Ihren Teil kümmern und den Rest der höheren Macht anvertrauen, werden Sie wie von Zauberhand geführt, und viele Kleinigkeiten und manche Wunder ergeben sich im Alltag von ganz allein. Je öfter Sie diese Erfahrung machen, desto stärker wird Ihr Vertrauen ins Leben.

Jetzt stellen Sie sich einmal vor, ich beschäftige mich die meiste Zeit damit, welchen Kuchen mein Nachbar bäckt. Vielleicht beschwere ich mich sogar noch über die unmöglichen Zutaten, die er verwendet. „Das kann ja nichts werden", sage ich hinter seinem Rücken. Was ich nicht beachte, ist, was ich dadurch in meinen eigenen Kuchen mische. Am Kuchen-Beispiel mag das komisch klingen. Aber wie oft beschäftigen wir uns mit den Angelegenheiten anderer Menschen – damit, was andere denken, sagen und tun? Wie oft konzentrieren wir uns auf Dinge, die wir weder beeinflussen noch kontrollieren können, statt auf unsere eigenen Gedanken, Worte und Taten zu achten, und geben dann dem Leben die Schuld dafür, dass sich unsere Wünsche nicht verwirklichen? Auf diese Weise machen wir kaum die Erfahrung, dem Leben vertrauen zu können.

In aller Regel merken wir nicht einmal, dass wir uns selbst sukzessive den Kuchen vergiften. Womit wir wieder zu einer bereits mehrfach erwähnten Grundregel kommen: Achten Sie auf Ihre „Zutaten"! Achten Sie darauf, dass Ihre Gedanken, Worte und Taten zu Ihren Wünschen passen (siehe K)!

Doch selbst mit den richtigen Zutaten kann es ein Problem geben: Ungeduld. Wenn wir unbedingt etwas haben oder erreichen wollen, dann soll das bitte schnell gehen. Klappt es nicht so, wie wir das wollen, wird die innere Anspannung groß. Wir beginnen, an uns selbst und an unseren Fähigkeiten zu zweifeln. Die Angst entsteht, dass es „nie" klappen wird und das Leben uns unseren Wunsch verwehrt. Statt loszulassen und zu vertrauen, machen wir bewusst oder unbewusst Druck und üben Kontrolle aus. Aber Druck erzeugt automatisch und unwillkürlich Widerstand. Wir beschleunigen dadurch den Lauf der Dinge nicht, sondern blockieren ihn und stören die natürliche Entwicklung. Das ist wie bei meinem Kuchen, der unterm Griller verbrannt ist, statt schneller fertig zu werden. Tun Sie das Ihren Wünschen nicht an.

So weit so gut, schauen wir uns ganz konkret an, wie Sie Geduld und Vertrauen ins Leben entwickeln können. Gedanken werden Wirklichkeit. Wahr wird, was Sie für wahr halten. Das heißt, Sie müssen sich entscheiden, was Sie glauben und wie Sie das Leben wahrnehmen wollen. Wenn Sie dem Leben vertrauen und Unterstützung erfahren wollen, dann finden Sie hier ein paar hilfreiche Glaubenssätze und Regeln. Nichts davon müssen Sie übernehmen. Prüfen Sie in aller Ruhe, was Sie vielleicht schon selbst oder bei anderen Menschen erlebt haben und welche Gedanken Sie nützlich finden:

Alles entfaltet sich zur rechten Zeit und auf vollkommene Weise, ob Sie das gerade erkennen oder nicht.

Sie können die Entwicklung und den roten Faden in Ihrem Leben nicht erkennen, solange Sie das ganze Bild noch nicht sehen, sondern nur einen kleinen Ausschnitt betrachten. Bewerten Sie daher nie eine Situation nur an einem einzigen Tag. Morgen kann schon wieder alles ganz anders aussehen. Und manchmal braucht es Jahre, um rückblickend erkennen zu können, wie gut sich die Dinge entwickelt haben.

Alles, was geschieht, hat einen Sinn und einen Nutzen.
Sie können nicht immer beeinflussen, was Sie erleben. Sie können aber immer beeinflussen, wie Sie mit dem, was Sie erleben, umgehen und was Sie letztlich daraus machen (siehe W). Auch und gerade Situationen, die momentan negativ zu sein scheinen, können Ihnen nutzen und Ihr Leben auf positive Weise verändern. Nicht selten sind es ausgerechnet die „Rückschläge", die sich später als riesige Sprünge nach vorne entpuppen.

Das Universum versorgt Sie stets mit allem, was Sie brauchen, um Ihren Seelenplan zu leben.
Sie bekommen alles, was Sie wollen – nicht, was Ihre Persönlichkeit meint zu wollen, sondern was Ihre Seele will. Mit anderen Worten: Es passiert nicht immer, was in Ihren Augen passieren soll, sondern das, was perfekt für Sie ist. Alle Ereignisse und Bedingungen in Ihrem Leben sind genau richtig, damit Ihre Seele die Erfahrungen machen kann, die sie machen möchte.

Wünsche zu verwirklichen ist ein Wachstums- und Entwicklungsprozess.
Das Leben hat seine eigene Art und Weise, Ihnen zur Erfüllung Ihrer Wünsche zu verhelfen. Es kommt nicht immer gleich das Ergebnis heraus, das Sie haben wollen, und manchmal kommt es ganz anders als erwartet. Für manche Wünsche sind Veränderungen notwendig, Sie müssen sich

erst entwickeln und lernen, die richtigen „Zutaten" zu verwenden. Nehmen wir an, Sie wünschen sich eine glückliche und erfüllte Beziehung oder einen Job in der Chefetage, Ihnen fehlen aber die nötigen Zutaten – mit Ihren jetzigen Gedanken, Worten und Taten kann sich Ihr Wunsch nicht erfüllen. Dann schickt Ihnen das Leben Gelegenheiten, um in dieser Hinsicht zu wachsen und sich zu verändern. Denn erst, wenn Sie gelernt haben, anders zu sein, kann sich eine liebevolle Beziehung oder die Führungsposition manifestieren. Das gilt in jeder Hinsicht. Wünsche können sich erst verwirklichen, wenn Sie bereit dazu sind.

Genießen Sie die Reise.

Verfallen Sie nicht dem Irrglauben, dass Ihr Leben erst dann besser sein wird, wenn sich ein bestimmter Wunsch endlich erfüllt hat. Das schürt nur Ihre Ungeduld und ist in aller Regel nicht wahr. Mit Sicherheit hält die Glückseligkeit über einen wahr gewordenen Wunsch nicht ewig; im Gegenteil, oft dauert sie sogar nur erschreckend kurz. Machen Sie daher Ihr Wohlbefinden nicht davon abhängig, etwas Bestimmtes haben oder erreichen zu müssen. Glücklich können Sie jetzt in diesem Augenblick sein. Beginnen Sie, die Reise zu genießen und das Schöne in diesem Moment und in Ihrer Entwicklung zu erkennen. Wenn Sie alles, was Sie wollen, sofort bekämen, wäre das Leben langweilig und würde keinen Sinn machen. Der Weg ist das Ziel, und alles, was zählt, ist Hier und Jetzt.

Was Ihnen jetzt zu haben verwehrt ist, muss Ihnen nicht für immer verwehrt sein.

Nur weil Sie etwas nicht sofort haben können oder erreichen, heißt das nicht, dass es nie sein wird. Viele Menschen werfen nur zu früh die Flinte ins Korn und resignieren. Geben Sie Ihre Herzenswünsche nicht auf. Schon Ihr nächster

Versuch könnte ein Durchbruch sein. Sie wissen nicht, wie nah Sie schon sind. Und selbst wenn die Wunscherfüllung noch so weit weg zu sein scheint, könnten Sie in Wahrheit kurz vor der Lösung stehen. Alles, was Sie tun müssen, ist jeden Tag aufzutauchen, Ihrem Weg treu zu bleiben und zu tun, was Sie tun können. Den Rest vertrauen Sie dem Leben an.

Stellen Sie sich vor, über Nacht kommt eine gute Fee und schenkt Ihnen tiefes Vertrauen ins Leben und die Gewissheit, dass das Leben immer auf Ihrer Seite ist und alles zur richtigen Zeit und auf die richtige Weise geschieht:

- Woran würden Sie dieses Vertrauen bemerken?
- Was würde diese Gewissheit in Ihrem Leben verändern?
- Was würden Sie ab sofort (anders) machen?
- Was würden Sie sich trauen?

> Du brauchst nicht immer einen Plan.
> Manchmal brauchst du nur zu atmen,
> zu vertrauen, loszulassen und
> zu schauen, was passiert.
>
> *Mandy Hale*

W

WIE WAHLFREIHEIT

Intention: Ich entscheide selbst, wie ich agiere und reagiere.

Es ist schon einige Jahre her, und doch erinnere ich mich daran, als wäre es gestern gewesen. Ich saß mit einer Freundin beim Kaffee und regte mich fürchterlich über jemanden auf, der sich mir gegenüber völlig unkorrekt verhalten hatte. In meinen Augen zumindest. Ich wollte ihre Meinung in der Angelegenheit hören oder vielmehr wollte ich, dass sie meine Meinung teilt. Meine Freundin hörte mir eine Weile aufmerksam zu und sagte dann seelenruhig: „Ja, du kannst ein Drama daraus machen … – musst du aber nicht." Kurze Stille. Gefolgt von einem herzhaften Lachen. Meinem Lachen. Das Drama war beendet und mein ganzer Ärger war verraucht. Dieser Satz hat mich daran erinnert, dass es vollkommen egal ist, was irgendjemand anderer sagt oder tut; wie ich damit umgehe und was das mit mir macht, das ist meine Entscheidung – meine Wahlfreiheit. Anders gesagt: „Worüber ich mich ärgere, das bestimme immer noch ich."

Wir haben in jedem Moment unseres Lebens eine Wahl. Wir treffen Entscheidungen – Entscheidungen, die darüber bestimmen, was wir erleben. Esse ich heute Pizza oder Nudeln? Fahre ich mit dem Auto oder gehe ich zu Fuß? Nehme ich den Job (die Einladung, den Auftrag) an oder sage ich ab? Über solche und ähnliche Fragen machen wir uns Gedanken und entscheiden mehr oder weniger bewusst, was wir tun wollen. Wie aber schaut es aus, wenn uns jemand nicht so behandelt, wie wir das wollen, wenn im Leben etwas schief läuft oder anders als erwartet? Was, wenn jemand beispielsweise unfreundlich ist, uns das Leben schwer macht, schneidet, unter Druck setzt, etwas wegnimmt oder zu spät kommt? Was, wenn sich ein Wunsch nicht gleich verwirklicht, Hindernisse auftauchen oder Erwartungen nicht erfüllt werden? In solchen Fällen reagieren wir meist reflexartig, wir sind enttäuscht, grantig, verletzt, wütend, traurig, verzweifelt oder beleidigt und meinen, gar keine andere Wahl zu haben. Andere Menschen oder die Umstände bestimmen, was wir fühlen und wie wir uns verhalten, und damit letztlich, wie unser Leben verläuft. Eigentlich wollen wir ja ganz anders sein, aber leider pfuscht uns die Außenwelt dazwischen. Dabei vergessen wir, dass wir in jedem Augenblick unseres Lebens eine Entscheidung treffen können, wie wir sein und was wir tun wollen. Manchmal mag das schwer sein, aber möglich ist es immer. Das beweisen manche Menschen auf eindrucksvollste Weise. Nehmen wir die Geschichte von Viktor Frankl, einem österreichischen Neurologen und Psychiater, der selbst im Konzentrationslager unter grauenvollsten Bedingungen erkannte, dass er eine Wahl hatte, welche Auswirkung diese Lebensumstände auf ihn hatten. „Die geistige Freiheit des Menschen, die man ihm bis zum letzten Atemzug nicht nehmen kann, lässt ihn auch noch bis zum letzten Atemzug Gelegenheit finden, sein Leben sinnvoll zu gestalten", schreibt Viktor Frankl in seinem Buch ... *trotzdem Ja zum Leben sagen.*

Oder Mahatma Gandhi, der mit seinem gewaltlosen Widerstand gegen die Diskriminierungen in Südafrika und Indien zu einem bedeutendem Vorbild für die ganze Menschheit wurde. Anfangs von der Welt belächelt, erkannten seine Anhänger und Gegner schon bald die Macht seiner Lebenseinstellung und seines Prinzips der Gewaltlosigkeit. Auf eindrucksvollste Weise hat er gelebt, was er gelehrt hat: „Sei du selbst die Veränderung, die du dir wünschst für diese Welt."

Oder Randy Pausch, ein amerikanischer Informatikprofessor, der mit seiner „Last Lecture" weltberühmt wurde. Die „letzte Vorlesung" ist an vielen US-Unis Tradition: Professoren halten eine Vorlesung, als wäre es die letzte ihres Lebens, und sprechen darüber, was sie ihren Studenten als dringendstes und wichtigstes „Vermächtnis" auf den Weg geben würden. Randy Pausch hielt tatsächlich seine letzte Vorlesung, denn er hatte Bauchspeicheldrüsenkrebs im Endstadium und, erst 46 Jahre alt, nur noch wenige Monate zu leben. In seiner letzten Vorlesung mit dem Titel „Deine Kindheitsträume wirklich wahr werden lassen" sprach er über seine eigenen Träume und ihre Verwirklichung. Noch mehr berührte mich allerdings seine Haltung dem Leben und dem Tod gegenüber. „Es tut mir leid, dass ich vielleicht nicht so deprimiert bin, wie ich sein sollte", witzelte er und strahlte mehr Lebensfreude aus als die meisten Menschen, die uns täglich begegnen. „Wir können nicht die Karten ändern, die das Leben uns zuspielt, nur die Art und Weise, wie wir unser Blatt spielen", sagte er. Die meisten von uns bekommen vom Leben vergleichsweise harmlose Karten zugeteilt. Doch wie reagieren wir darauf? Wie spielen Sie Ihr Blatt?

Wünsche haben fast alle Menschen. Wie oft haben Sie schon gehört: „Ich wünsche mir eine bessere Beziehung", „Ich wünsche mir ein erfüllteres Berufsleben", „Ich möchte mehr Geld haben", „Ich möchte meine Talente nutzen", „Ich möchte etwas Sinnvolles tun" oder „Ich wünsche mir Frieden". Wie viele Menschen kennen Sie, die sich wirklich für ihren Wunsch einsetzen? Menschen, die Eigenverantwortung übernehmen (siehe E), entsprechende Prioritäten setzen (siehe F), aktiv werden (siehe H) und in Übereinstimmung mit ihrem Wunsch handeln (siehe K). Egal was von außen kommt. Egal welches Blatt ihnen das Leben zuspielt. Menschen, die auch dann noch eine bewusste Wahl treffen, wenn alles schiefgeht, ihr Partner sie verlässt, sie krank werden oder das Geschäft zusammenbricht.

Bei anderen Menschen fällt es uns in der Regel viel leichter, Wahlmöglichkeiten zu erkennen und zu wissen, was angebracht ist. Oder haben Sie noch nie Tipps gegeben wie: „Ärgere dich nicht so. Das zahlt sich wirklich nicht aus", „Nimm's gelassen und mach das Beste daraus", „Halte durch und gib nicht auf. Du wirst das schaffen", „Sei nicht traurig. Das war sicher nicht so gemeint", „Beruhige dich erst einmal, dann wird sich eine Lösung finden" oder „Wenn dich der Job/ die Beziehung nicht mehr erfüllt, trenne dich davon". Solche Tipps sind oft goldrichtig, nur wenn wir selbst betroffen sind, können wir uns in vielen Fällen nicht daran halten. Wenn wir mitten drinstecken in einer unangenehmen Situation, drehen sich die Gedanken gerne im Kreis und die Emotionen spielen verrückt. Statt eine bewusste Wahl zu treffen, denken und reagieren wir wie auf Autopilot.

Unter P wie Perspektivenwechsel haben Sie schon einige Möglichkeiten kennengelernt, wie Sie Abstand gewinnen, eine ganzheitlichere Sichtweise einnehmen und eine bessere Wahl treffen können. Schauen wir uns weitere Strategien an, die Ihnen helfen können.

Hilfreiche Sichtweisen

Keine Angst vor der falschen Wahl

Bei anderen Menschen können wir leicht reden, welche Wahl sie treffen sollten, die Konsequenzen müssen wir schließlich nicht selbst tragen. Wenn wir beispielsweise der Kollegin raten, ins kalte Wasser zu springen und ihren sicheren Job zu kündigen, weil sie schon länger unglücklich und unterfordert ist, haben wir selbst nicht mit Existenzängsten zu kämpfen und wir laufen nicht Gefahr, unter Umständen nicht so schnell einen neuen Job zu finden. Zur Freundin sagt es sich leicht, sie solle sich entschuldigen und den Streit mit ihrem Partner beenden; mit der vielleicht schroffen Reaktion des Partners und mit dem Gefühl „immer die zu sein, die nachgibt und einlenkt", müssen wir nicht klarkommen.

Denken Sie daran, dass wir Menschen im Grunde ganz einfach gestrickt sind: Wir versuchen immer, uns von Leid fernzuhalten und angenehme Gefühle anzustreben. Dummerweise sind wir so programmiert, dass das Schmerzvermeiden noch wichtiger ist, als Glück zu erleben. Wir alle haben in unserem Leben schon des Öfteren eine „falsche" Wahl getroffen. Genauer gesagt, wir haben die Erfahrung gemacht, dass eine Entscheidung unangenehme Folgen hatte, und die eine oder andere Entscheidung im Nachhinein bereut. Bei vielen Menschen führt das dazu, dass sie lieber abwarten, die Dinge laufen lassen bzw. ständig hin- und hergerissen sind. Sie vermeiden eine bewusste Wahl. Sprich, aus Angst, dass ihre Wahl falsch sein und weh tun könnte, treffen sie lieber keine Wahl. Keine Wahl zu treffen ist allerdings in Wahrheit unmöglich. Wenn wir uns nicht entscheiden, ist das ebenfalls eine Wahl, die genauso ihre Konsequenzen hat, und diese Wahl hat mit einem selbstbestimmten Leben nichts mehr zu tun. Stattdessen entscheiden andere Menschen und die Umstände über das eigene Schicksal.

Wenn Sie bemerken, dass Sie Angst davor haben, eine Wahl zu treffen, fragen Sie sich:

✧ Was habe ich zu verlieren, wenn ich die falsche Wahl treffe? Geht es um Leben und Tod? Was könnte im schlimmsten Fall passieren? Wie könnte ich mit dem denkbar schlechtesten Ergebnis umgehen? Und wie wahrscheinlich ist es, dass es ganz schlimm kommt?

Häufig überschätzen wir die Bedeutung einer Entscheidung und die Auswirkungen auf unser Leben. Viele „Fehler" lassen sich durchaus korrigieren. Wenn wir uns außerdem ehrlich mit dem *Worst Case* auseinandersetzen, stellt sich oft heraus, dass keine echte Katastrophe droht und wir durchaus in der Lage wären, mit möglichen negativen Konsequenzen zu leben. Ganz abgesehen davon treten die wenigsten Horrorszenarien jemals wirklich ein, und wenn doch, sind sie nur halb so schlimm.

- Was habe ich zu gewinnen? Wie könnte sich eine Entscheidung positiv auf mein Leben auswirken? Was könnte im besten Fall passieren?
- Welchen Preis zahle ich, wenn ich keine bewusste Wahl treffe? Worauf warte ich bzw. wer oder was soll für mich entscheiden? Will ich wirklich die Verantwortung abgeben?

Um unsere Wünsche zu verwirklichen und der Absicht unserer Seele zu folgen, müssen wir Risiken eingehen. Das heißt, dass manchmal Dinge schiefgehen werden. So ist das Leben. Erst wenn wir Schmerzhaftes als Teil des Lebens annehmen und uns nicht länger davor fürchten, können wir uns aus den Ketten unserer Angst befreien und zu echter Freiheit finden (siehe auch J). Was Sie dazu in erster Linie tun müssen, ist, sich selbst zu vertrauen: zu vertrauen, dass Sie mit schwierigen Situationen, mit Hindernissen und möglichen negativen Konsequenzen umgehen können und daran nicht zerbrechen. Mehr noch, dass Sie aus jeder Erfahrung lernen und daran wachsen können. In diesem Sinn gibt es keine falsche Wahl. Es gibt nur Entscheidungen, die Ihnen positive oder negative Erfahrungen bescheren. Mit jeder Erfahrung werden Sie weiser und treffen bessere Entscheidungen. Oft sind es gerade die Hürden und Rückschläge, die Sie erst zu dem Menschen machen, der Sie sein müssen, um Ihre Träume leben zu können.

Die Verhaltensweisen anderer nicht persönlich nehmen

Ein weitverbreiteter Kardinalfehler besteht darin, die Verhaltensweisen anderer Menschen viel zu persönlich zu nehmen. Die wenigsten Menschen haben es tatsächlich auf Sie abgesehen, die meisten sind viel zu sehr mit ihren eigenen Problemen beschäftigt und Sie sind höchstens eine willkommene Zielscheibe. Sie sind ein Statist im Lebensfilm der Köpfe anderer. Das muss Sie nicht tangieren, denn andere Menschen können in Ihrer Lebenssphäre nichts erschaffen. Was andere sagen und tun, wird für Sie nur dann zu einem Problem, wenn Sie Ihren eigenen Film daraus machen.

Ein bisschen praktischer: Sagen wir, jemand ist extrem unfreundlich zu Ihnen. Das kann vielerlei Gründe haben: Der Mensch ist mit dem falschen Fuß aus dem Bett gestiegen. Er hat gerade massive Probleme. Eine hohe Rechnung ist heute ins Haus geflattert. Seine Arbeit bereitet ihm Probleme. Sie verwenden dasselbe Parfum wie seine verhasste Tante. Ihr Verhalten entspricht nicht seinen Vorstellungen. Oder, oder, oder. In jedem Fall hat das Verhalten dieses Menschen mit seiner eigenen Geschichte zu tun, mit seinen Erfahrungen, seinen Erinnerungen, seinen Überzeugungen, seinen Erwartungen und seinen Ansichten darüber, was gut und was schlecht, was richtig und was falsch ist. Und das Wichtigste: Dieser Mensch trifft in diesem Augenblick die bestmögliche Wahl, die ihm auf Grund seiner Sicht der Welt und seiner inneren Verfassung jetzt gerade zur Verfügung steht. Er tut sein Bestes, wie gering Sie das auch immer einschätzen.

Sie haben die Wahl, wie Sie auf dieses Verhalten reagieren wollen. Steigen Sie in seinen Film ein? Werden Sie ebenfalls unfreundlich oder sind Sie nach dieser Begegnung grantig, wütend oder gekränkt? Dann lassen Sie diesen Menschen über Ihren eigenen Lebensfilm entscheiden. Wollen Sie das? Das heißt nicht, dass Sie sich alles gefallen lassen müssen. Es geht vielmehr darum, die Dinge weniger persönlich zu nehmen und bewusst zu entscheiden, wie Sie sich verhalten wollen. Denken Sie daran: Sie können aus allem ein Drama machen – müssen Sie aber nicht.

Den Blick auf sich selbst richten

Achten Sie darauf, ob und wie Sie andere Menschen für deren Verhalten verurteilen oder kritisieren. Oder ob Sie vielleicht überzeugt sind, dass sich jemand anders verhalten sollte. Vielleicht sagen Sie so etwas wie „Er/Sie sollte nicht so und so sein", „Er/Sie hat kein Recht, so etwas zu tun/sagen", „Das tut man nicht", „Das ist total unhöflich/ungerecht/unanständig ..." Sie mögen manchmal durchaus im Recht sein, aber im Recht zu sein hilft Ihnen wenig, wenn Sie glücklich sein wollen. Sobald Sie sich am Verhalten anderer aufhängen und Ihr Wohlbefinden davon abhängig machen, nehmen Sie sich die Möglichkeit, über Ihr eigenes Erleben zu entscheiden. Mit anderen Worten: Wenn sich jemand in Ihren Augen „mies" verhält, fühlen Sie sich mies und das muss nicht sein. Lenken Sie Ihre Aufmerksamkeit weg von dem, was andere sagen und tun, hin zu dem, was Sie denken, sagen und tun. Ersteres können Sie nicht verändern, letzteres sehr wohl. Hier sind Ihre Wahlmöglichkeiten zu finden. Was Ihnen dabei helfen kann? Drehen Sie zunächst das Urteil um und fragen Sie sich:

- ✿ Wie und wo trifft das, was mich am anderen stört, vielleicht auch auf mich zu?
- ✿ Was könnte ich vielleicht aus dem Verhalten des anderen lernen?
- ✿ Wie möchte ich sein?

Zur Veranschaulichung zwei Beispiele aus meinem Leben: Ich rege mich gerne auf, wenn ich an der Supermarktkasse stehe und nichts weitergeht, weil die Kassiererin mit jedem Kunden nett plaudert und für jeden Handgriff eine gefühlte Ewigkeit braucht. Außerdem ärgere ich mich und finde es total unverschämt, wenn jemand unpünktlich ist – „Man lässt niemanden warten", denke ich. Ob Sie mir in diesen Fällen Recht geben oder nicht, Tatsache ist, mit solchen Urteilen und Überzeugungen mache ich mir das Leben selbst schwer. Ich stehe genervt an der Supermarktkasse, ohne deswegen eine Sekunde schneller voranzukommen, und das Treffen mit Herrn oder Frau Unpünktlich beginnt und endet vielleicht auch noch unharmonisch. In solchen Fällen drehe ich mein eigenes Urteil gerne um und frage mich: Trifft das auch auf mich zu? Wo arbeite ich langsam? Oder wo nehme ich mir vielleicht nicht genug Zeit für meine Arbeit? Wo schenke ich Menschen zu viel oder zu wenig Beachtung? Wo bin ich vielleicht unverschämt? Inwiefern lasse ich vielleicht andere warten? Auf diese Weise stelle ich immer wieder erstaunt fest, wie mir andere Menschen helfen, mich selbst zu erkennen. So verliere ich nicht mehr so oft meine Nerven im Supermarkt, und Unpünktlichkeit lässt mich nicht zwanghaft in eine miese Stimmung verfallen.

Gerade von Menschen, die es schaffen, Sie aus der Balance zu bringen, können Sie viel lernen. Das sind oft die wichtigsten Lehrer. Mit dieser Sichtweise wird es Ihnen wesentlich leichter, in der Situation selbst gelassen zu bleiben und angemessen zu agieren – eine bewusste Wahl zu treffen.

Den Fokus auf das Wesentliche richten

Fragen Sie sich bei jeder wichtigen Wahl, die Sie treffen müssen:

- Was will ich wirklich? Wenn ich an meine Wünsche und Vorhaben denke, welche Entscheidung muss ich dann jetzt treffen?
- Wie kann ich das Bestmögliche aus der momentanen Situation machen?
- Wie möchte ich in dieser Situation sein? Was möchte ich jetzt sagen und tun?
- Was würde mein weises Selbst mir jetzt raten?
- Was würde die Liebe tun?
- Welche Wahl würde ich jetzt treffen, wenn ich wüsste, dass nichts schiefgehen kann?

❧ Welche Wahl fühlt sich für mich jetzt stimmig, authentisch, richtig und gut an?

Nur wenn Sie eine bewusste Wahl treffen – also bewusst entscheiden, was Sie denken, was Sie tun und wie Sie sein wollen –, bestimmen Sie selbst, welche Erfahrungen Sie in Ihrem Leben machen. Automatische Reaktionen auf andere Menschen und Umstände sind oft das größte Hindernis für ein erfülltes Leben. Ohne bewusste Wahl werden Sie zum Spielball des Lebens und scheinbar willkürlich hin- und hergeworfen. Die Entscheidungen, die Sie jetzt und in jedem Augenblick Ihres Lebens treffen, haben nicht nur einen unmittelbaren Einfluss auf Ihre momentanen Gefühle und Ihre Handlungen, sondern auf die ganze Entwicklung Ihres Lebens – auf Ihr Schicksal. Sie haben die Wahl.

Frage dich in jeder schwierigen Situation:
„Was würde der stärkste, mutigste, liebevollste Teil meiner Persönlichkeit jetzt tun?"
Und dann tue es. Tue es richtig. Und zwar sofort.

Dan Millman

X

WIE X-FAKTOR

Intention: Ich mache mir meine Talente und Stärken bewusst und nutze sie.

Ich liebe Talente-Shows wie *X-Factor*, *Das Supertalent* oder *Britain's got talent*. Bei vielen Kandidaten bekomme ich Gänsehaut, und so manche treiben mir mit ihrer Performance Tränen in die Augen. Ohne Zweifel gibt es Menschen, die mit einem ganz besonderen, einem herausragenden Talent gesegnet sind. Einige wissen schon von klein auf, was sie werden und wie sie leben wollen. Nicht selten hört man von einer mittlerweile berühmten Sängerin, dass sie schon als kleines Kind davon geträumt hat, auf der Bühne zu stehen, und im Kinderzimmer mit der Haarbürste in der Hand gesungen hat, als wäre die Bürste ein Mikrofon und sie ein Superstar. Ganz zu schweigen von jemandem wie Mozart, der schon mit drei Jahren anfing, Klavier zu spielen, und mit zwölf drei Opern, sechs Symphonien und viele andere Werke komponiert hat.

Für die meisten Menschen sind Fragen wie „Was will ich wirklich?", „Wofür bin ich geboren?" und „Was will ich sein?" nicht ganz so einfach und klar zu beantworten. Nur wenige können mit Aussicht auf Erfolg in einer Talente-Show auftreten. Doch jeder Mensch hat einen X-Faktor – etwas, das ihn einzigartig macht. Ihr X-Faktor ergibt sich aus Ihren ganz persönlichen Begabungen, Leidenschaften und Fähigkeiten.

Wenn Sie wachsen und sich entwickeln wollen, gilt es, Ihren X-Faktor zu nutzen. Stellen Sie sich vor, Sie sind der Eigentümer einer prachtvollen Villa mit Meerblick, leben aber dort nur im Keller ohne Fenster. Das würde wohl keiner von uns machen. Doch ist es die Art und Weise, wie wir oft mit unseren eigenen Anlagen umgehen.

Wir lassen unsere Fähigkeiten und Talente im Keller verkümmern und leben unter unserem Niveau. Warum das so ist? Schauen wir uns fünf weitverbreitete Gründe an:

Warum Talente verkümmern

Blindheit

Die meisten von uns haben nicht nur eine stark ausgeprägte und augenscheinliche Begabung, sondern mehrere – oft schlummernde – Talente. Wir müssen uns irgendwann bewusst entscheiden, welche davon wir entwickeln und was wir aus unseren Anlagen machen wollen. Das setzt natürlich voraus, dass wir unser eigenes Potenzial überhaupt wahrnehmen. Viele Menschen kennen zwar ihre Schwächen in- und auswendig und versuchen oft jahrelang dagegen anzukämpfen, sehen aber ihre Stärken nicht und vergessen, etwas daraus zu machen. Die eigenen Gaben werden oft als „ganz normal" und als „nichts Besonderes" abgetan. Ich habe beispielsweise eine Freundin, die kann phänomenal zuhören und sie tut es auch gerne. Wenn ich ihr das sage, schaut sie mich jedes Mal mit großen Augen an und sagt: „Das kann doch jeder." Einmal ehrlich, wie viele Menschen haben Sie in Ihrem Leben, die wirklich zuhören können und zuhören wollen?

Was ist Ihr persönlicher X-Faktor? Hier finden Sie ein paar Fragen, um ihn zu entdecken:
- Wofür bin ich begabt? Wo liegen meine Talente? Was kann ich besonders gut und tue es gerne?
- Was Sie gelernt haben – Ausbildungen, Zeugnisse und Diplome – und welchen Job Sie ausüben, ist eine Sache. Was

Sie gerne tun und wo Ihre Talente, Stärken und Fähigkeiten liegen, ist eine andere. Das eine stimmt mit dem anderen nicht immer überein. Vielleicht sind Sie beispielsweise ein Experte in Sachen Buchhaltung, weil Sie diesen Beruf erlernt haben, aber in Wahrheit liegt Ihnen das überhaupt nicht. Das würde ich nicht als X-Faktor bezeichnen. Suchen Sie hier wirklich nach Dingen, die Sie mit Freude tun oder früher einmal getan haben. Dinge, bei denen Sie das Gefühl haben, dass sie Ihrem Wesen entsprechen.

🌿 Wofür schlägt mein Herz? Wann vergesse ich die Zeit? Wann leuchten meine Augen? Wo erwacht meine Neugier? Wo beiße ich mich richtig rein?

Schauen Sie auf Ihre Begeisterungsliste (siehe B). Was Sie von Herzen gerne tun und wofür Sie eine Leidenschaft haben, ist Ihnen als Anlage in die Wiege gelegt worden.

🌿 Welche Eigenschaften könnte ich an mir als bedeutend empfinden? Welche hat vielleicht nicht jeder? Was zeichnet mich aus?

Das mag von Situation zu Situation verschieden sein – im Privatleben anders als im Job, im Familienleben anders als unter Freunden, unter Fremden anders als unter Vertrauten.

🌿 Wofür erhalte ich Komplimente? Was sagen andere Menschen über meine Stärken und Fähigkeiten? Welchen X-Faktor erkennen andere Menschen in mir?

Komplimente von anderen weisen uns auf eigene Talente hin. Insbesondere solche Komplimente, die wieder und wieder auftreten. Dabei ist es egal, ob Sie das auch so sehen oder nicht. Oft erhalten wir Komplimente für unsere Talente und schmettern sie einfach ab. Erlauben Sie anderen Menschen, Sie auf Ihre Besonderheiten hinzuweisen, und freuen Sie sich darüber.

🌿 Welche Erfahrungen habe ich in meinem Leben gemacht? Welche Hürden habe ich gemeistert? Was habe ich aus den

prägenden Ereignissen in meinem Leben gelernt und welche Fähigkeiten habe ich entwickelt?
Ihre Erfahrungen machen Sie einzigartig und enthalten einen Hinweis darauf, was sich Ihre Seele für dieses Leben vorgenommen hat.

❧ Welchen Beitrag würde ich am liebsten in der Welt leisten? Was würde ich am liebsten für meine Mitmenschen, für Tiere oder die Umwelt tun?
Der beste Erfolgstipp, den ich kenne, lautet: „Nimm deine größten Gaben, Leidenschaften und Talente und nutze sie im Dienst an anderen." Wenn Sie sich fragen, was Sie gerne für die Welt tun würden, entdecken Sie ein Potenzial, das in Ihnen schlummert. Dabei geht es nicht darum, die Welt zu retten, sondern um Ihren kleinen Beitrag, den Sie leisten können.

Kritik & mangelnde Förderung

Leider werden Talente in vielen Fällen nicht von klein auf gefördert. Sei es, dass Eltern eine Begabung nicht erkennen, kein Verständnis dafür haben oder die Mitteln zur Unterstützung fehlen. Sei es, dass wir in der Schule keine Chance haben, unsere einzigartigen Fähigkeiten zu entwickeln, weil wir still sitzen und „Wichtigeres" lernen müssen und darüber hinaus vergessen, was uns selbst liegt. Oder sei es, dass uns eine Kritik von irgendjemandem so hart trifft, dass wir den Glauben an uns selbst und an unsere Möglichkeiten verlieren. Wie auch immer, ohne Unterstützung und positives Feedback kann sich Talent schwer entfalten. Das heißt allerdings nicht, dass es verloren geht. Es schlummert nur und wartet darauf, geweckt zu werden. Fragen Sie sich:

❧ Was habe ich früher gerne gemacht, aber irgendwann aufgehört? Gibt es etwas, was ich gerne tun würde, aber nicht (mehr) mache aus Angst vor Kritik?

❧ Was wollte ich als Kind oder Jugendlicher gerne werden?

❧ Welches meiner Talente würde ich gerne entwickeln und wer könnte mir dabei helfen?

„Wenn der Schüler bereit ist, erscheint der Meister", sagt eine Weisheit. Wenn Ihnen also nicht gleich einfällt, wer Sie in Ihrer Entwicklung fördern könnte, halten Sie Ihre Augen und Ohren offen und beginnen Sie dort, wo Sie beginnen können.

Mangelnde Übung & fehlende Geduld

Einer der größten Denkfehler unserer Zeit ist die Vorstellung, alles sofort und möglichst ohne Mühe schaffen und können zu müssen. So oft höre ich von meinen Klienten Aussagen wie „Das kann ich nicht", „Dafür hab ich eben kein Talent" oder „Ich bin nicht gut genug". Dank Neurowissenschaft ist erwiesen, dass Talent keine unveränderbare Größe ist – nichts, das uns in die Wiege gelegt wird oder eben nicht. Vielmehr ist entscheidend, was wir aus unseren Anlagen machen. Selbst wenn Sie mit dem größten Talent gesegnet sind, wird Ihnen das wenig helfen, wenn Sie nicht motiviert sind, zu üben und geduldig Ihre Fähigkeit zu trainieren oder bereits bei der ersten Schwierigkeit aufgeben. Umgekehrt, wer konsequent dranbleibt, kann fast alles lernen. Wenn Sie sich also das nächste Mal bei dem Gedanken „Das kann ich nicht" ertappen, gestehen Sie sich entweder ein, dass es Ihnen einfach nicht der Mühe wert ist, oder krempeln Sie Ihre Ärmel hoch und beginnen Sie zu üben, zu lernen und Erfahrungen zu sammeln.

Sich vergleichen

Ein Freund von mir macht wirklich grandiose Fotos. Wann immer er Komplimente dafür bekommt, sagt er „Es gibt viel bessere Fotografen" und versteckt seine Bilder wieder in der Schublade. Sich mit anderen zu vergleichen, ist eine der größten Bremsen für die Entwicklung unserer eigenen Talente.

Es gibt immer jemanden, den wir besser finden werden als uns selbst. Das könnte ein Ansporn sein, das eigene Potenzial zu nutzen und das Beste aus sich selbst herauszuholen. Das könnte eine Möglichkeit sein, von anderen zu lernen. Viel öfters führt der Vergleich allerdings zur Entmutigung und zu einem Gedanken wie „So gut werde ich nie, dann lass ich es lieber". Dabei vergessen wir, dass jeder Mensch einzigartig ist. Egal wie jemand anderer etwas macht. Niemand ist wie Sie. Sie sind einzigartig. Egal was Sie tun, niemand macht es so wie Sie.

🌿 Auf welchem Gebiet neige ich dazu, mich zu vergleichen und mich dann vielleicht minderwertig zu fühlen?

🌿 Was würde ich wirklich gerne tun, glaube aber, dass ich kein oder nicht genug Talent dazu habe bzw. dass alle anderen viel besser sind?

Echte Stars, Genies und interessante, charismatische Menschen sind niemals jene, die andere kopieren und nachäffen. Sie sind vielmehr ganz sie selbst und tun, was ihnen Freude macht und ihrem Wesen entspricht. Egal was andere tun. Egal was andere dazu sagen (siehe E und W).

Leistung & Geld

Viele Menschen erlauben sich nicht, das zu tun, was Freude macht und was ihnen leicht von der Hand geht, weil das keine „Leistung" ist. Doch gerade in den Dingen, die wir lieben und gerne tun, steckt unser X-Faktor. Oft bleiben Talente auch ungenutzt, weil man damit angeblich kein Geld verdienen kann.

Eine Tätigkeit, die unserem wahren Wesen entspricht, machen wir nicht (nur) des Geldes wegen. Unsere Berufung hat mit einem inneren Bedürfnis zu tun – mit dem Wunsch, eben genau das zu tun. In der Regel sind wir sogar bereit, diese Tätigkeit ohne Bezahlung, ohne Anerkennung oder ohne Druck von außen auszuüben. Die Arbeit selbst bringt Erfüllung und Wohlbefinden. Das genügt. Wenn wir allerdings unsere Berufung leben, dann bleiben der äußere Erfolg und die Anerkennung sehr selten aus. Denn in dem, was wir wirklich gerne und mit Freude tun, sind wir meist gut und produktiv. Das führt zum Erfolg. Fragen Sie sich:

- Was würde ich tun, wenn Geld keine Rolle spielt?
- Womit würde ich am liebsten mein Geld verdienen?

Für die meisten Menschen stellt die tägliche Arbeit bzw. die Ausübung eines Berufes einen ganz wesentlichen Teil ihres Lebens dar. Wer jeden Tag die Gelegenheit hat, im Job das zu tun, was den eigenen Talenten entspricht, erlebt damit einen Großteil seiner Zeit als befriedigend und erfüllend. Das ist ideal, nur leider nicht der Normalfall. Die meisten Menschen arbeiten nicht deshalb, weil es Freude macht, sondern um Geld zu verdienen. Der Beruf hat oft nichts oder nur wenig mit den eigenen Bedürfnissen und Begabungen zu tun.

Sollen Sie jetzt sofort Ihren ungeliebten Job hinschmeißen? Nein, das ist in den meisten Fällen nicht empfehlenswert. Oft reicht es, (wieder) mit einem Hobby zu beginnen oder andere Möglichkeiten zu finden, die eigenen Talente mehr zu nutzen. Machen Sie das Beste aus dem, was Ihnen jetzt möglich ist. Sobald Sie beginnen, ein bisschen mehr von Ihrem Potenzial zu nutzen, wirkt sich das auf Ihr Sein und damit auf Ihr ganzes Leben aus.

Ängste & Zweifel

Wenn wir unsere Gaben entwickeln und entfalten wollen, stehen wir vor Herausforderungen, die wir bewältigen müssen, und sind nicht selten mit Ängsten konfrontiert, die uns in der „sicheren Höhle" zurückhalten wollen. Oft zweifeln wir an unseren eigenen Fähigkeiten und tun Dinge nicht, aus Angst davor, zu scheitern. Fragen Sie sich:

- Wenn ich an meine Wünsche denke und an das, was ich verwirklichen will: Was muss ich dafür können? Welche Fähigkeiten brauche ich?
- Was würde ich tun, wenn ich nichts zu verlieren hätte?
- Was würde ich tun, wenn ich sicher wäre, dass ich es schaffe und nichts schiefgehen kann?

Nach Goethes Worten sind unsere Wünsche die Vorboten der Fähigkeiten, die in uns liegen. Wenn Sie einen starken Wunsch nach etwas verspüren, haben Sie auch das Potenzial, ihn zu verwirklichen. Lassen Sie sich von Ängsten und Zweifeln nicht davon abhalten, Ihren Weg zu gehen (siehe H und M).

Alle Antworten auf die Fragen in diesem Kapitel enthalten Hinweise auf Ihre Begabungen und Fähigkeiten – auf Ihren X-Faktor. Wenn Sie sich herauswagen aus Ihrer sicheren Schutz- und Komfortzone, wenn Sie sich trauen, die Gaben zu verwenden, die Ihnen das Leben geschenkt hat, und zeigen, was wirklich in Ihnen steckt, dann eröffnen sich Räume, die Ihnen bisher verschlossen waren, und Aussichten, von denen Sie nicht einmal zu träumen gewagt hätten.

Sei Du selbst.
Irgendwer wird immer hübscher sein.
Irgendwer wird immer smarter sein.
Irgendwer wird immer jünger sein.
Aber keiner wird jemals du sein!

Tanni Sattar

WIE YIN & YANG

Intention: Ich achte auf die Balance von Tun und Geschehenlassen.

Yin & Yang. Diese beiden jahrtausendealten Begriffe aus der chinesischen Philosophie sind Ihnen sicherlich bekannt. Es sind zwei sich ergänzende Gegensätze, die im gesamten Universum wirken; wie Tag (Yang) und Nacht (Yin), Sonne (Yang) und Mond (Yin), Hitze (Yang) und Kälte (Yin), männlich (Yang) und weiblich (Yin), Licht (Yang) und Schatten (Yin), Außen (Yang) und Innen (Yin). Was sich auf den ersten Blick auszuschließen scheint, sind nur die zwei Seiten ein und derselben Sache. Kein Yin ohne Yang. Kein Yang ohne Yin. Das eine enthält immer auch die Essenz des anderen. Zum Bespiel ist die Nacht Yin, doch das Licht der Sterne Yang. So wie der Tag Yang ist, doch der Schatten des Baumes Yin.

Unser ganzes Leben beruht auf den wechselnden Phasen von Yin und Yang. Denken Sie an Ihren eigenen Körper und an das Wechselspiel von Aus- und Einatmung, von Diastole und Systole des Herzens, von Schlaf und Wachsein, von Entspannung und Spannung, von Ausscheiden und Essen. Jetzt stellen Sie sich einmal vor, Sie wären nur noch wach, ohne dazwischen zu schlafen, oder würden nur noch einatmen, ohne dazwischen auszuatmen. Das ist unmöglich. Wenn Sie dauernd in ein und demselben Zustand verharrten, wären Sie in Kürze tot. Diese Pole müssen in einem gesunden Gleichgewicht sein und sich abwechseln. Wie diese Balance genau aussehen mag, kann durchaus individuell sein. Gut möglich, dass

Sie beispielsweise mit weniger Schlaf auskommen als ich, oder Ihr Herz in einem anderen Rhythmus schlägt als meines. Ihr persönlicher Yin-und-Yang-Haushalt muss stimmen. Eine Ausgewogenheit von Yin und Yang ist auch die beste Voraussetzung, um Ihre Wünsche zu verwirklichen. Was heißt das? Ihre Gedanken und Ideen sind Yang, der Geist hinter den Dingen. Mit einem Gedanken fängt alles an – nichts, kein Ding kann sein, ohne dass es vorher im Gedanken war. Gedanken werden Dinge. Die sichtbare Form und das Material, aus dem die Dinge dann zusammengesetzt sind, sind Yin. Sie brauchen beides. Ein bisschen praktischer: Sagen wir, Sie haben die Idee, Ihr Traumhaus zu bauen. Zuerst müssen Sie eine Vorstellung haben, wie es aussehen soll, und brauchen einen Bauplan, damit Sie es mit dem richtigen Material errichten können. Jeder einzelne Baustein Ihres Hauses war zuerst eine unsichtbare Idee, bevor er greifbare Wirklichkeit wurde. Mit Gedanken formen wir die Welt. Nicht umsonst ging es im Wachstums-ABC am Anfang darum, Ideen zu sammeln und eine Vision zu entwickeln (siehe A). Schließlich wollen Sie nicht irgendwelche Ideen verwirklichen, sondern Ihre eigenen.

„Träume nicht dein Leben, lebe deine Träume", heißt es. Jede Idee, jeder Traum kommt einmal an einen Punkt, an dem Aktivitäten erforderlich sind und das Ganze in die Tat umgesetzt werden muss. Im Fall des Hauses muss unter anderem ein Stein auf den anderen gelegt werden. Im Wachstums-ABC geht es in vielen Kapiteln darum, zu handeln und das zu tun, was Sie eben für Ihre Wünsche tun können. Sehr ausgeprägte Yin-Typen tun sich hier schwer. Sie neigen dazu, eher passiv und ziellos zu sein, sich treiben und die Dinge geschehen zu lassen. Sie schauen, was das Leben so bringt. Aber ohne eigenes Zutun bleiben Träume meist Träume. Wenn es ums Handeln geht, sind Menschen mit hohem Yang-Anteil im Vorteil. Willenskraft, Pro-Aktivität, Zielstrebigkeit, Rationalität, Motivation, Effektivität, Leistung, Wettbewerb, Durchsetzungskraft und Durchhaltevermögen – das sind ihre Stärken, das ist Yang. Yang-Menschen neigen dazu, ständig aktiv zu sein und sich enorm anzustrengen. In unserer Leistungsgesellschaft sind wohl die Yang-Qualitäten jene, die erstrebenswerter zu sein scheinen, und viele Menschen glauben, dass sie nur auf diese Weise etwas im Leben erreichen können. Viele Stimmen sagen, du musst Ziele haben, planen, daran arbeiten und systematisch vorgehen. Ohne Zweifel, dieser Weg kann funktionieren. Doch ist dieser Weg – ohne Yin-Qualität – ziemlich steinig und oft einsam. Wenn Sie glauben, für alles selbst zuständig zu sein und alles planen und kontrollieren zu müssen, werden Sie unnötig viel eigene Kraft brauchen. Sie verzichten auf die Unterstützung, die Ihnen das Leben bietet. Sie beschränken sich darauf, was in Ihrer Vorstellung möglich ist und wie etwas Ihrem begrenzten Wissen nach funktionieren kann, statt sich von den ungeahnten Möglichkeiten des Lebens überraschen zu lassen. Bei all der Anstrengung passiert es außerdem leicht, dass Sie zwar viel erreichen, dabei aber völlig vergessen, was Sie wirklich wollen. Zum Yin zählen nämlich Qualitäten wie Gefühl, Intuition, Achtsamkeit, Zusammenarbeit, Offenheit und Flexibilität. Das heißt, wer zu viel Yang-Energie hat, steht mit seinen eigenen Gefühlen oft auf Kriegsfuß und tendiert dazu, sie zu vermeiden, zu unterdrücken oder zu ignorieren bzw. seine eigenen Bedürfnisse zu missachten. Der eigenen Intuition misstraut der analytische Yang-Mensch – was sich nicht logisch begründen lässt, zählt nicht, und damit übergeht er oft seine Intuition und sein Bauchgefühl. Sprich, er mag zwar viele Ideen haben, hört aber nicht auf sein Herz und auf das, was sich in diesem Moment gut, richtig und stimmig anfühlt. Oder er erlaubt sich vielleicht vor lauter Leistungsdenken nicht, dem nachzugehen, was ihm wirklich Freude macht. Unter Umständen verfolgt er zielstrebig eine Idee, nur um am

Ende festzustellen, dass er das falsche Ziel anvisiert hat. Oder er fühlt nach Erreichen des Zieles eine Leere, die sofort mit einem neuen Ziel gefüllt werden muss. Aktiv sein und Handeln (Yang) bringt uns nur Erfüllung, wenn wir auf unsere Gefühle achten und unseren Herzenswünschen (Yin) nachgehen. Umgekehrt erfüllen sich unsere Herzenswünsche nur, wenn wir aktiv sind und handeln.

Kurz: Ein Extrem sind die „Kontroll-Freaks", die ihre Ziele anvisieren und denken, alles steuern und in der Hand haben zu müssen oder überhaupt zu können. Das andere Extrem sind die „Treibenlasser", die sich planlos dem Leben anvertrauen und sich dem hingeben, was kommt. Die hohe Kunst ist, die richtige Balance zu finden. Wenn Anspannung und Entspannung, Tun und Nicht-Tun, Planung und Flexibilität, systematisches Vorgehen und Vertrauen in den Fluss des Lebens im Gleichgewicht sind, dann können Wunder geschehen. Wenn Sie einen Wunsch haben, den Sie verwirklichen wollen und beginnen, das zu tun, was Ihnen möglich ist, öffnen sich plötzlich Türen auf Ihrem Weg, mit denen Sie nie gerechnet hätten. Manche Menschen nennen das glückliche Zufälle, andere sprechen von Synchronizitäten. Gemeint ist, dass Sie dann beispielsweise die richtigen Menschen treffen, die Ihnen weiterhelfen, oder einen wichtigen Hinweis bekommen, wie Sie am besten weitertun. Diese „Zufälle" gilt es anzunehmen und ihnen nachzugehen, statt stur den eigenen Plan zu verfolgen. Sie dürfen sich mit Ihrem Wunsch dem Leben anvertrauen; darauf vertrauen, dass Sie vom Leben unterstützt werden, dass zur richtigen Zeit die richtigen Dinge passieren (siehe auch V). Auf diese Weise tun Sie selbst etwas und sind aktiv (Yang) und gleichzeitig lassen Sie Dinge geschehen und geben sich dem Fluss des Lebens hin (Yin). Es wechseln Phasen, in denen Sie sich anstrengen und Ihre geplanten Schritte gehen, mit Phasen, in denen Sie loslassen von jeglicher Anstrengung und „das Universum", „eine höhere Kraft" oder „Gott" wirken lassen.

Nachdem Sie diese Zeilen gelesen haben, werden Sie wahrscheinlich unschwer erkennen, ob Ihre Yin- oder Yang-Qualitäten stärker ausgeprägt sind.

🌱 Wo erkennen Sie Ihre Schwachstellen?

🌱 Gibt es Bereiche in Ihrem Leben, in denen Ihnen ein bisschen mehr Yang gut tun würde? Welche Yang-Qualitäten sind gefragt?
Vielleicht brauchen Sie zum Beispiel in Ihrem Berufsleben ein bisschen mehr Aktivität, Planung oder Durchsetzungsvermögen, um Ihre Wünsche zu manifestieren.

🌱 Gibt es Bereiche in Ihrem Leben, in denen Ihnen ein bisschen mehr Yin gut tun würde? Welche Yin-Qualitäten sind gefragt?
Vielleicht brauchen Sie beispielsweise mehr Erholung oder müssen lernen, loszulassen und dem Fluss des Lebens zu vertrauen.

Im Wachstums-ABC habe ich mich bemüht, eine gesunde Mischung einzubringen.

In folgenden Kapiteln finden Sie Hinweise, die Ihnen helfen, Ihre Yin-Eigenschaften und Qualitäten zu stärken: Dankbarkeit (D), Innere Führung (I), Ja (J), Leo (L), Nicht-Tun (N), Offenheit (O), Stille (S), Vertrauen (V).

In folgenden Kapiteln finden Sie Hinweise, die Ihnen helfen, Ihr Yang-Eigenschaften und Qualitäten zu stärken: Anfang (A), Begeisterung (B), Eigenverantwortung (E), Fokus (F), Glaubenssätze (G), Handeln (H), Mut (M), Tatendrang (T).

> Wer gegen das Prinzip von Yin und Yang lebt,
> wird sein Leben zerstören,
> wer mit ihm lebt, wird in Harmonie leben.
>
> *Nei Jing Su Wen*

Z

WIE ZUKUNFT

Intention: Ich gestalte meine Zukunft jetzt.

Nachdem ich in meiner Praxis auch mediale Beratungen anbiete, werde ich des Öfteren gefragt, ob ich die Zukunft vorhersagen könne. Nein, kann ich nicht. Niemand kann das. Ihre Zukunft hängt von dem ab, was Sie denken, fühlen, sagen und tun. Nehmen wir an, Sie haben in vier Wochen eine wichtige Prüfung vor sich. Bis zum heutigen Tag haben Sie schon einiges gelernt, und heute sagt Ihnen irgendjemand, dass Sie die Prüfung mit Sicherheit bestehen werden. Daraufhin hören Sie auf zu lernen, treten nicht ordentlich vorbereitet bei der Prüfung an und fallen durch. Ihr Prophet ist bei seiner Vorhersage davon ausgegangen, dass Sie so weitermachen wie bisher, und wenn Sie brav gelernt hätten, hätten Sie die Prüfung vermutlich tatsächlich bestanden. Prophezeit Ihnen heute hingegen jemand, dass Sie in vier Wochen durchfallen werden, und Sie beschließen daraufhin, noch intensiver zu lernen als bisher, bestehen Sie vielleicht Ihre Prüfung und denken dann, Ihr Prophet ist ein Scharlatan.

Ein Blick auf die Vergangenheit – insbesondere die jüngste Vergangenheit – lässt schon viele Rückschlüsse zu, in welche Richtung sich Ihre Zukunft entwickelt wird. Weit mehr Rückschlüsse als irgendwelche Träume, Wünsche oder Ziele. Wenn Sie in den letzten Wochen beispielsweise jeden Tag ein bisschen zu viel gegessen haben und so weitermachen, lässt sich mit Gewissheit sagen, dass Sie schon bald merklich mehr wiegen werden – auch wenn auf Ihrer Wunschliste „Idealfigur" ganz oben steht. Wenn Sie in Ihrem Job oder im Haushalt in letzter Zeit ständig überfordert und im Stress sind, wird sich das früher oder später auf Ihre Gesundheit schlagen – selbst wenn Sie wirklich gerne gesünder leben würden. Wenn Sie jeden Monat Geld auf Ihr Sparbuch legen, wird sich dort in den nächsten Monat einiges ansammeln – egal ob Sparen auf Ihrer Vorhabenliste steht oder nicht. Für solche Vorhersagen muss man kein Wahrsager sein, die jüngste Vergangenheit zeigt, wohin es aller Voraussicht nach gehen wird.

Eines ist jedoch gewiss: Ihre Vergangenheit bestimmt nicht Ihr weiteres Schicksal, sondern nur Ihre Gegenwart. Was auch immer in der Vergangenheit passiert sein mag, das, was wirklich zählt, ist, wie Sie jetzt sind und was Sie jetzt machen. Wenn Sie wachsen und sich und Ihre Verhaltensweisen jetzt verändern, verändert sich unweigerlich Ihre Zukunft.

Viele Menschen, die etwas in ihrem Leben verändern wollen, träumen jedoch von einem radikalen Kurswechsel. Von heute auf morgen soll alles anders sein. Meistens bleibt es beim Träumen. Das menschliche Sicherheitsbedürfnis und die Angst vor Veränderung sind oft zu groß, um das Leben mit einem Schlag komplett umzukrempeln. Ganz abgesehen davon, dass uns das Leben prägt. Im Lauf unseres Erdenlebens – vielleicht auch schon viele Leben davor – sammeln wir Erfahrungen, bilden uns Überzeugungen und entwickeln bestimmte Denk- und Verhaltensmuster. Es ist kaum möglich, die Vergangenheit abzustreifen und von heute auf morgen völlig anders zu sein. Das ist auch gar nicht notwendig. Viele Menschen übersehen, dass schon eine minimale Kurskorrektur im Hier und Jetzt große Wirkung hat, und vergeben damit unzählige Möglichkeiten, ihr Leben langfristig komplett zu wandeln.

Um dieses Phänomen zu veranschaulichen, verwende ich gerne das Flugzeug-Beispiel. Stellen Sie sich zwei Flugzeuge vor, die in dieselbe Richtung fliegen. Plötzlich entscheidet sich ein Pilot, seine Flugroute um fünf Grad zu verändern, während der andere seinen Kurs hält. Am Anfang mag der Unterschied kaum sichtbar sein, aber schon nach kurzer Zeit wird deutlich: Das eine Flugzeug landet ganz woanders als das andere. Das gilt genauso für Ihr Leben. Sie müssen heute nur eine Kleinigkeit verändern, einen kleinen Schritt machen, damit Ihr Leben ab sofort eine andere Richtung einschlägt. Die kleine Veränderung, die Ihnen heute gelingt, kann Ihnen morgen schon ganz neue Möglichkeiten eröffnen. Im Wachstums-ABC finden Sie viele Ansatzpunkte, um eine neue Richtung in Ihrem Leben einzuschlagen und Ihre Zukunft jetzt bewusst zu gestalten.

Das ABC in aller Kürze zusammengefasst:
Wenn Sie Ihre Wünsche, Träume und Ideen verwirklichen wollen, gilt es herauszufinden, *was* Sie wollen und *warum* Sie es wollen (siehe unter A, B, K, Q). Ihr Kontrollbereich ist das, was Sie denken, fühlen, sagen und tun (G, K, P, W). Das haben Sie und nur Sie in der Hand (E). Sie entscheiden, worauf Sie sich fokussieren wollen (F), tun, was Sie jetzt tun können (H, K, T), und folgen Schritt für Schritt Ihrer inneren Führung (I, N). Auf Ihrem Weg werden Sie Mut brauchen und Ängste überwinden müssen (H, M). Sie haben förderliche Rituale und Gewohnheiten (R, D, F, S) und gönnen sich regelmäßig Erholungspausen zum Ausruhen und Kräftesammeln (L). Sie wissen um Ihre Einzigartigkeit und bereichern diese Welt mit Ihren Fähigkeiten und Talenten (X). Das genaue *Wie, Wann* und *Wo* Ihrer Wunschverwirklichung dürfen Sie dann getrost dem Leben überlassen. Oder sagen wir so, Sie achten auf die Zeichen und Hinweise, die Ihnen das Leben schickt, um auf Ihrem Weg weiterzugehen. Sie dürfen darauf vertrauen (V), dass zur richtigen Zeit die richtigen Dinge passieren und das Leben für Sie sorgt. Sie sagen Ja zum Leben (J), sind offen für das, was Ihnen das Leben bietet (O), und dankbar für das, was ist (D).

Was Sie nicht tun: Sie verschwenden Ihre Zeit nicht mit Dingen, die Sie nicht unter Kontrolle haben. Dazu gehören die Meinung und das Verhalten anderer Menschen. Sie wissen, dass Sie stets die Wahl haben, wie Sie auf andere Menschen und auf die Umstände reagieren (W) und mit wem Sie Ihre Zeit verbringen (U). Last but not least gilt es, das Prinzip von Yin und Yang bewusst in Ihr Leben zu integrieren und die Balance zu finden zwischen Aktivsein und Geschehenlassen, Kontrollieren und Vertrauen, Arbeiten und Entspannen (Y).

Am Ende des Wachstums-ABCs angelangt möchte ich Ihnen gratulieren: Sie haben an sich gearbeitet und sind auf dem Weg zum Leben Ihrer Träume. Wenn Sie die 26 Buchstaben-Kapitel durchgelesen und in Ihrem Leben entsprechende Schritte gesetzt haben, schauen Sie zurück zur Checkliste (siehe C) und stellen Sie fest, was sich bereits verändert hat, was funktioniert und wo Sie vielleicht Korrekturen vornehmen müssen. Kehren Sie immer wieder an den Anfang zurück (A), um Ihre Wünsche und Träume zu überprüfen, gegebenenfalls neu auszurichten und festzulegen, was Sie selbst in den nächsten Monaten tun wollen. Ich persönlich mache das mindestens einmal im Jahr, manchmal auch öfters. Dadurch stellen Sie sicher, dass Sie auf dem richtigen Kurs bleiben und die nötigen Weichen für Ihre Zukunft stellen.

Nicht selten werden Sie zu hören bekommen, dass, wenn Sie einmal auf dem richtigen Weg sind, alles leicht sein wird, Sie immer glücklich sein werden, keine Angst mehr haben oder keine sonstigen negativen Gefühle auftauchen werden. „Immer gut drauf" und „immer oben auf" – das klingt wirklich verlockend. Das ist ein falsches Versprechen und auch nicht das, worum es im Leben geht. In dieser Welt unterliegt alles einem ständigen Wandel, nichts, wirklich gar nichts, bleibt so, wie es ist. Das Leben ändert sich, entwickelt sich, stirbt und wird neu geboren. Sie sind hier, um Erfahrungen zu machen und zu wachsen. Wachstum ist nur möglich, wenn Sie Veränderung zulassen, und vor Veränderungen haben wir Angst. Das ist menschlich. Wenn Sie auf dem Weg sind, Ihre wahren Wünsche zu verwirklichen, laden Sie die Angst ein, weil Sie so aus Ihrer Komfortzone herauskommen. Ihr Gefühlsleben wird aller Voraussicht nach intensiver, reicher und bunter, weil Sie Ihr Leben bewusst gestalten und aktiv am Leben teilnehmen. Echtes Wachstum heißt, Angst zu spüren und trotzdem weiterzugehen, hinzufallen und wieder aufzustehen, loszulassen und neu zu beginnen. Das ist nicht immer leicht. Hochs und Tiefs sind Teil des Lebens. Ohne Yin kein Yang. Wenn Sie oben sind, werden Sie eines Tages wieder unten sein, und genauso sicher geht es wieder nach oben. Die Erfahrungen, die Sie auf diesem Weg machen, und wie Sie mit ihnen umgehen – darin liegen echte Wachstumschancen.

Deine Zukunft ist, wozu du sie machen willst.

Dalai Lama

DANKSAGUNG

An dieser Stelle möchte ich all jenen von ganzem Herzen danken, die zum Entstehen dieses Buches wesentlich beigetragen haben: meiner Mutter Erika Busson, all meinen Lehrern, meinen himmlischen Helfern, meinen engsten Freunden und natürlich dem Orac-Verlag.

Mein ganz besonderer Dank gilt meiner wunderbaren Freundin Sabine Reinthaler, die mitverantwortlich ist für die Idee zu diesem Buch und die mir viele wertvolle Anregungen gegeben hat.

Ein ganz großes Dankeschön an Barbara Köszegi vom Verlag Kremayr & Scheriau/Orac, die bereits das dritte Buch mit mir macht, für ihren Einsatz, ihr Engagement und ihren Glauben an meine Bücher.

Danken möchte ich auch meiner Lektorin Katharina J. Schneider, die mein schlechtes Verhältnis zu Beistrichen ausbügeln musste und mit ihrer Arbeit ganz wesentlich zur Lesbarkeit dieses Buches beigetragen hat.

Eigens erwähnen möchte ich auch noch meine Klientinnen und Klienten, die mir alle auf ihre Weise wertvolle Inputs für dieses Buch gegeben haben und von denen ich ständig dazulernen darf. Danke!

Last but not least danke ich Ihnen dafür, dass Sie dieses Buch lesen, für das Vertrauen, das Sie mir entgegenbringen, und die Bereitschaft und Offenheit für Wachstum und Veränderung.

KONTAKT

Wenn Sie mich wissen lassen wollen, wie es Ihnen mit dem Wachstums-ABC ergangen ist, schicken Sie mir eine Nachricht an: su.busson@beyourbest.at. Ich freu mich über jedes Feedback zu meinen Büchern.

Nähere Informationen über mich und meine Arbeit als systemische Beraterin, Life-Coach und Yoga-Lehrerin finden Sie auf meiner Homepage: **www.beyourbest.at**

BUCHTIPPS

ATWOOD, CHRIS, ATWOOD, JANET BRAY: Passion Test: Entdecken Sie Ihre Leidenschaft. Kamphausen 2007.

BUSSON, SU: Das Leben ist einfach kompliziert: Sechs Schritte zu Glück und Leichtigkeit. Orac 2012.

BUSSON, SU: Ich. Bin. Jetzt. Auf dem achtfachen Yoga-Pfad zu sich selbst finden. Orac 2013.

BYRON, KATIE: Lieben was ist. Wie vier Fragen Ihr Leben verändern können. Goldmann 2002.

DODSON, FREDERICK E.: Reality Creation. Die kontrollierte Erschaffung von Realität. Bohmeier Verlag 2003.

FRANCKH, PIERRE: Das Gesetz der Resonanz. Koha 2008.

GAWAIN, SHAKTI: Entwickle Deine Intuition: Praktische Hilfen für das tägliche Leben. Integral 2001.

GAWAIN, SHAKTI: Stell dir vor: Kreativ visualisieren. rororo 2004.

GIGERENZER, GERD: Bauchentscheidungen: Die Intelligenz des Unbewussten und die Macht der Intuition. Goldmann 2008.

HICKS, ESTHER, HICKS, JERRY: Ein neuer Anfang: Das Handbuch zum Erschaffen deiner Wirklichkeit. Heyne Verlag 2011.

KABAT-ZINN, JON: Im Alltag Ruhe finden: Meditationen für ein gelassenes Leben. Knaur 2010.

KINGSTON, KAREN: Feng Shui gegen das Gerümpel des Alltags: Richtig ausmisten. Gerümpelfrei bleiben. Rororo 2009.

KORNFIELD, JACK: Meditation für Anfänger: Inklusive einer CD mit sechs geführten Meditationen für Einsicht, innere Klarheit und Mitempfinden. Arkana 2007.

METZLER, ALBERT: Stradivari des Universums: Ein faszinierender Wegweiser in die grenzenfreie Welt des Möglichen. Breuer & Wardin 2007.

OSHO: Intuition: Einsichten jenseits des Verstandes. Allegria 2004.

OSHO: Mut: Lebe wild und gefährlich. Allegria 2004.

SCHAUB, HELGA: Feng Shui Grundregeln – Feng-Shui so schnell und einfach wie nie zuvor. Schirner 2010.

SHER, BARBARA: Ich könnte alles tun, wenn ich nur wüsste, was ich will. Deutscher Taschenbuchverlag 2011.

STRELECKY, JOHN: The Big Five for Life: Was wirklich zählt im Leben. Deutscher Taschenbuchverlag 2009.

TIPPING, COLIN C.: Ich vergebe. Der radikale Abschied vom Opferdasein. Kamphausen 2004.

VOPEL, KLAUS: Die Zehn-Minuten-Pause: Minitrancen gegen Streß. Iskopress 2006.

Su Busson

ICH.BIN.JETZT.
Auf dem achtfachen Yoga-Pfad zu sich selbst finden

ISBN 978-3-7015-0543-2
(A, D) 22,-
Auch als E-Book erhältlich

Die einzelnen Glieder des achtfachen Yoga-Pfades sind ein Schlüssel für einen besseren Umgang mit anderen Menschen, mit der Umwelt und mit sich selbst. Auf verständliche, praktische und zeitgemäße Weise erklärt Su Busson die spirituellen Grundprinzipien des Yoga – etwa Gewaltlosigkeit, Wahrhaftigkeit, Zufriedenheit und Selbstdisziplin – ebenso wie die weiteren Bestandteile des Yoga-Weges: Körperhaltungen, Lenkung der Lebensenergie, Rückzug der Sinne, Konzentration, Meditation und Einheitsbewusstsein. Neben traditionellen yogischen Zugängen fließen moderne, westliche Ansätze und zahlreiche Übungsvorschläge in dieses Buch ein. Es geht darin letztlich immer um das, was Yoga im Alltag bedeutet: Leben im Jetzt.

Su Busson

DAS LEBEN IST EINFACH KOMPLIZIERT

ISBN 978-3-7015-0540-1
(A, D) 22,-
Auch als E-Book erhältlich

Glücklich sein und erfüllt leben, das wollen wir alle. Wenn das nur so einfach wäre! Mit zahlreichen Übungen, anschaulichen Geschichten und Tipps für den Alltag bietet Su Busson ein praktisch erprobtes, wirkungsvolles Programm an, um Ballast abzuwerfen und hinderliche Gewohnheiten zu überwinden:

Die innere Kraftquelle nutzen • Falsche Vorstellungen ablegen
Destruktive Denkmuster auflösen • Liebevoll für sich selbst sorgen
Dem Weg der Freude folgen • Die Magie des Lebens zulassen